Kommunionmeditationen

Konkrete Liturgie

Bernadette Jansing

Kommunionmeditationen

für alle Sonntage der Lesejahre A | B | C

Verlag Friedrich Pustet
Regensburg

Bibliografische Information der Deutschen Nationalbibliothek

Die Deutsche Nationalbibliothek verzeichnet diese Publikation in der
Deutschen Nationalbibliografie; detaillierte bibliografische Daten
sind im Internet unter http://dnb.d-nb.de abrufbar.

www.liturgie-konkret.de
www.verlag-pustet.de

ISBN 978-3-7917-2279-5
© 2010 by Verlag Friedrich Pustet
Umschlaggestaltung: Cornelia Hofmann und Martin Veicht
unter Verwendung eines Bildes von P. Engeljehringer (Digitalstock)
Satz und Layout: MedienBüro Monika Fuchs, Hildesheim
Druck und Bindung: Friedrich Pustet, Regensburg
Printed in Germany 2010

Inhaltsverzeichnis

Vorwort

	Lesejahr	A	B	C

HERRENFESTE IM JAHRESKREIS

Kommunionempfang

unsere Hände geöffnet
wie eine kostbare Schale
darin du geborgen liegst

Brot des Lebens – Leib des Herrn
bis du uns zur Speise wirst
und in Wahrheit bist du es
der uns in seinem Herzen birgt

Für Paul,
dem mein Herz gehört,

für Nico,
der Steine ins Rollen bringt,

und für Frank Peters,
der uns die „*ekklæsía*-Messe" ans Herz legte.

VORWORT

Die Stille nach dem Kommunionempfang ist eine kostbare Zeit der Sammlung, in der wir uns mit ganzem Herzen voll Dankbarkeit und Freude in die lebendige Begegnung mit Christus hineinversenken können. Der Sonntag ist für uns Christen nicht nur ein Tag des Ausruhens von der Last der Arbeitstage, sondern auch des Innehaltens und der Suche und Neuausrichtung nach dem wahren Sinn des Lebens. Darüber hinaus schenkt uns die Feier des Sonntagsgottesdienstes eine aus den alltäglichen Vorgängen der Welt herausgehobene Zeit der Gemeinschaft mit Gott und auch mit den Menschen, die diesen Gottesdienst mit uns gemeinsam erleben. Wir feiern die Gegenwart Jesu Christi mitten unter uns, der uns sowohl im Wortgottesdienst beim Hören auf das Wort der Heiligen Schrift begegnet als auch in der Eucharistiefeier, wenn die Gaben von Brot und Wein in den Leib und das Blut Christi gewandelt werden. Beim Empfang der heiligen Kommunion wird er uns selbst zur lebendigen Speise, die uns mit ihm und untereinander zur Ekklesia, der Kirche, verbindet.

Ein meditativer Text, der im Anschluss an die Stille nach der Kommunion vorgetragen wird, kann die Gegenwartserfahrungen, die wir im Verlauf dieses Gottesdienstes gesammelt haben, auf wunderbare und eindringliche Weise vertiefen, sodass die erlebte Feier im Alltag nachklingen kann.

Vor einigen Jahren feierten die Franziskaner in Düsseldorf die Sonntagsmesse als sogenannte *ekklæsía*-Messe. Damit wollten sie Ekklesia im Hier und Heute lebendig machen, was sich u.a. durch rege Mitwirkung der Beteiligten im Gottesdienst ausdrücken sollte. Von ihnen erhielt ich die Anregung, Texte für diese Gottesdienste zu schreiben, eine Idee, die mich mit Freude erfüllte. So entstanden die ersten Meditationen der vorliegenden Sammlung im Geist jener *ekklæsía*-Messe. Die in diesem Band der Reihe „Konkrete Liturgie" veröffentlichten Texte ergänzen die „Kommunionmeditationen – Besinnungen für Werktagsmessen", die 2009 im Verlag Friedrich Pustet erschienen sind. Wie diese verstehen sie sich als Fortführung der in den Werktags-Besinnungen grundgelegten Intention, von der Mahl-Feier noch einmal den Bogen zur Wort-Feier zu schlagen und auf diese Weise die beiden Tische, den des Wortes und den des Brotes, miteinander zu verbinden.

Von der Gestaltung der Kommunionmeditation

Die Betrachtungen beziehen sich aus der Situation des Kommunion-empfangs heraus auf die Schriftlesungen des Wortgottesdienstes. Zur Einstimmung steht deshalb immer ein markantes Wort aus den Lesungstexten oder aus dem Evangelium, an hohen Feiertagen auch aus der Sequenz, der Meditation voran, sodass die Mitfeiernden den Spannungsbogen nachvollziehen können. Die äußere Form der Kommunionmeditationen ist sehr unterschiedlich. Manche sind als Gedicht gestaltet, andere eher wie ein poetischer Text. Sie sind teils als Betrachtung oder Anbetung, teils als Bittgebet oder Segenswunsch formuliert. Andere wollen erschrecken und aufrütteln und appellieren an ein ur-christliches Werteverständnis. Wieder andere provozieren zu verantwortungsvollem Handeln oder selbstbewusstem Auftreten als Christ in der heutigen Welt (als „Erbe" der *ekklœsía*-Messe). Einige der Kommunionmeditationen laden die Mitfeiernden ein, den Herrn durch die staunenden Augen der Jünger zu betrachten und auf diese Weise ein besonders tief empfundenes Wahrnehmen der Anwesenheit Jesu Christi mitten unter uns zu erreichen.

Die Kommunionmeditation soll nach dem persönlichen stillen Dank-gebet entweder vom Priester oder auch von der Lektorin / vom Lektor in ruhiger und meditativer Weise vorgetragen werden. In meinem Umfeld habe ich die Erfahrung gemacht, dass es ein wundervolles Erlebnis der Sinne sein kann, wenn der Organist die Meditation mit leiser Improvisation untermalt. In jedem Fall ist es ein Gewinn, wenn sich der Sonntagsgottesdienst durch das gelungene Vortragen einer Kommunionmeditation den Gedanken der Menschen einprägt und sie, wenn sie nach Hause gehen, die wichtigsten Impulse im Herzen bewegen und bewahren. In diesem Sinn hat schon der Apostel Paulus über die Feier des Gottesdienstes gesprochen: „Alle Beiträge sollen auf Gemeindeaufbau und Verherrlichung Gottes hingeordnet sein, sodass sogar Unkundige ausrufen: Wahrhaftig, Gott ist bei euch!" (1 Kor 14,25)

Düsseldorf, am Fest Fronleichnam 2010   Bernadette Jansing

LESEJAHR A

1. Adventssonntag

Dann wird von zwei Männern, die auf dem Feld arbeiten, einer
mitgenommen und einer zurückgelassen. (Mt 24,40)

Wir Menschen aus Fleisch und Blut
sind wie der Himmel und die Erde
und wir vergehen, wenn unsere Zeit da ist.
Wenn sich einst meine Sonne verfinstert
und meine Welt über mir zusammenstürzt,
dann ist es Zeit für mich aufzubrechen,
und ich pilgere zum Haus des Herrn.

Wir Menschen brauchen das tägliche Brot,
Männer, die auf den Feldern arbeiten,
und Frauen, die mit der Mühle mahlen.
Doch was wird aus dem Brot in meiner Hand?
Bin ich bereit, es mit den Armen zu teilen?
Ach Herr, lass mich am Ende nur nicht zurück,
komm mir entgegen und reich mir die Hand.

Wir Menschen leben nicht allein von dem Brot,
das wir im Schweiß unseres Angesichtes essen,
und das mit unserem Leib zur Erde zurückkehrt.
Wir sind geladen, von dem wahren Brot zu essen,
lebendiges Himmelsbrot, das unsere Seelen stärkt.
Mit dieser Speise schenkt uns Christus sich selbst,
damit wir bereit sind, wenn unsere Stunde da ist.

2. ADVENTSSONNTAG

Kehrt um!
Denn das Himmelreich ist nahe. (Mt 3,2)

Kehrt um,
ruft Johannes, der Vorläufer unseres Herrn.
Das ist der Anfang der Guten Nachricht.
Es ist auch der Anfang des Himmelreichs,
das wachsen soll auf dem Boden unserer Erde.

Kehrt um,
ruft der Vorläufer in den Wüsten,
und wir, die Schlangenbrut, hören es.
Wir warten auf den, der mit Geist und Feuer tauft,
und der Atem des Himmelreichs beflügelt die Erde.

Kehrt um,
ruft der Vorläufer Johannes.
Das Himmelreich wirft seine Schatten voraus,
hilft uns, den Panther zu zähmen mit Feuer und Geist.
Und das Raubtier in uns tut der Erde nichts Böses mehr.

Kehrt um,
ruft der Erlöser durch des Johannes' Mund.
Paradiesischer Friede wachse in unseren Herzen.
Unsere Spreu werfen wir ab, sie verbrenne im Feuer,
und das Licht mache uns zu Weizenkörnern des Himmelreichs!

3. ADVENTSSONNTAG

Blinde sehen wieder, und Lahme gehen; Aussätzige werden rein,
und Taube hören; Tote stehen auf, und den Armen wird das
Evangelium verkündet. (Mt 11,5)

Wes sollten wir froh sein?
Es gibt so viel Traurigkeit in der Welt,
so viel Leid und Ungerechtigkeit,
Armut und Unglück, Angst und Tod.
Unsere Welt ist der Erlösung so fern.

Wir warten auf die Ankunft des Herrn.
Findet er unsere Herzen bereit?
Schon hören wir die Stimme seines Boten,
doch woran erkennen wir, dass es der Herr ist,
wenn er kommt, um die Welt zu erlösen?

Schließen wir endlich unsere Herzen auf
und heißen wir unseren Herrn willkommen.
Schon heute ist er mit uns im heiligen Mahl.
Seine Kraft wird in unsere Hände fließen,
sodass sie zum Werkzeug seiner Erlösung werden.

Wenn wir in diesem Glauben wirken,
können auch heute noch Wunder geschehen,
auf dass Blinde wieder sehen und Lahme gehen
und die Welt endlich wieder Grund zur Freude hat.
Wenn solches geschieht, ist der Erlöser unter uns!

4. ADVENTSSONNTAG

*Als Josef erwachte, tat er, was der Engel des Herrn ihm befohlen
hatte, und nahm seine Frau zu sich. (Mt 1,24)*

Advent – große Zeit.
Himmel und Erde berühren sich.
Gott fragt, darf ich eintreten?
Maria antwortet, du bist willkommen.
Und Josef folgt dem Rat des Engels.
O große Zeit!

Advent – Wartezeit.
Himmel und Erde berühren sich.
Schon stieg der Erlöser vom Himmel,
doch erblickt er noch nicht das Licht der Welt.
Der Sohn des Himmels ruht im Schoß der Erde.
O Wartezeit!

Advent – erfüllte Zeit.
Himmel und Erde berühren sich.
Der Ungeborene ist schon auf dem Weg zum Stall,
die Engel beinahe in Sichtweite der Hirten im Feld.
Erde und Himmel in hoher Erwartung.
O erfüllte Zeit!

WEIHNACHTEN – IN DER HEILIGEN NACHT

Ihr werdet ein Kind finden, das, in Windeln gewickelt,
in einer Krippe liegt. (Lk 2,12)

Ich will sein wie der Erzengel Gabriel,
nur die guten Botschaften Gottes bringen.

Hochherzig wie die Mutter Maria,
den Heilsplan an mir geschehen lassen.

Bescheiden wie der Vater Josef,
einfach glauben, lieben und handeln.

Ein Gleichnis Gottes möchte ich sein,
gezeugt von Menschen,
doch geboren aus Wasser und Geist.

Ich will werden wie Jesus,
ein Kind Gottes,
und mich in eure Hände geben.

Menschen in der Welt,
wollt ihr es nicht auch versuchen?

Hinweis: *Dieser Text kann auch in den Lesejahren B und C verwendet werden.*

WEIHNACHTEN –AM TAG

Und das Wort ist Fleisch geworden und hat unter uns gewohnt, und
wir haben seine Herrlichkeit gesehen, die Herrlichkeit des einzigen
Sohnes vom Vater, voll Gnade und Wahrheit. (Joh 1,14)

Himmlischer Vater,
heute schenkst du der Welt
deinen geliebten Sohn.
Über Tage und Wochen
haben wir unsere Herzen
auf sein Kommen vorbereitet.
Heute endet unsere Wartezeit
mit einem Jubelschrei:
Halleluja!

Himmlischer Vater,
heute nimmt dein ewiges Wort
unser Fleisch an.
Wir haben das Dunkel ertragen
und geduldig gewartet,
bis das Licht in die Welt kam.
Heute leben wir auf
mit einem Jauchzer der Freude:
Halleluja!

Hinweis: *Dieser Text kann auch in den Lesejahren B und C verwendet werden.*

FEST DER HEILIGEN FAMILIE

Singt Gott in eurem Herzen Psalmen, Hymnen und Lieder,
wie sie der Geist eingibt. (Kol 3,16)

Lieder in unseren Herzen und Psalmen auf unseren Lippen –
feurige Hymnen erweckt Gottes Geist in unserem Geist.

Heilige Familie – in der Weihnachtszeit
schauen wir dein Idealbild.
Zwei Menschen sprechen ihr JA
und Gott schenkt neues Leben.
Vater, Mutter, Kind:
Bescherung des Glückes auf Erden.

Lieder in unseren Herzen und Psalmen auf unseren Lippen –
feurige Hymnen erweckt Gottes Geist in unserem Geist.

Menschenfamilien – in der Erdenzeit
unvollkommen, so lange sie leben.
Doch wenn Vater, Mutter, Kind
einander annehmen und ertragen, vergeben und stärken,
dann verwirklichen sie Gottes Schöpfung:
Bescherung der Liebe auf Erden.

Lieder in unseren Herzen und Psalmen auf unseren Lippen –
feurige Hymnen erweckt Gottes Geist in unserem Geist.

2. Sonntag nach Weihnachten

*Nicht aus dem Blut, nicht aus dem Willen des Fleisches, nicht aus
dem Willen des Mannes, sondern aus Gott geboren. (Joh 1,3)*

Du ewiges Wort des Vaters
Kehre ein in mein Herz
Ich nehme dich auf
Du gibst mir die Macht
Ein Kind Gottes zu werden

Du Wort in meinem Herzen
In mir kommst du zur Welt
Und die Welt sehe ich nun
Mit ganz anderen Augen an
Denn sie ist dein Eigentum

Du göttliches Wort
Ich will dich bewahren
Meinen Sinn auf dich richten
Du wirst mein Licht sein
In der finsteren Welt

Du bist das Wort
Im Anfang meines Lebens
Nun bin ich aus Gott geboren
Du aber bist in der Welt mit mir
Welch ein reicher Segen

Hinweis: *Dieser Text kann auch in den Lesejahren B und C verwendet werden.*

Erscheinung des Herrn

Auf, werde licht, denn es kommt dein Licht, und die Herrlichkeit des
Herrn geht leuchtend auf über dir. (Jes 60,1)

Mach dich auf und werde licht!

Zuerst ist es nur ein kleiner Stern
unter Myriaden anderer Sterne,
aber er fesselt deinen Blick
und zieht dich in seinen Bann.

Mach dich auf und werde licht!

Geht dir ein solcher Stern einmal auf,
dann gibt dir dein Herz sichere Botschaft:
ER ist es – steh auf und folge ihm,
woher auch immer du kommst.

Mach dich auf und werde licht!

Wenn du den König gefunden hast,
wirf dich nieder und bete ihn an.
Wenn auch deine Hände leer sind,
schenke ihm das Wertvollste – dein Herz.

Mach dich auf und werde licht!

Das Kind wird dein Geschenk annehmen
und dich selbst noch viel reicher beschenken,
denn es erfüllt dein Herz mit seinem Licht.
Du aber trage es in die Welt hinaus.

Mach dich auf und werde licht!

Hinweis: *Dieser Text kann auch in den Lesejahren B und C verwendet werden.*

TAUFE DES HERRN

Und eine Stimme aus dem Himmel sprach: Das ist mein geliebter
Sohn, an dem ich Gefallen gefunden habe. (Mt 3,17)

Vater, mein Vater, ich bin doch auch ein Kind Gottes!
Aber ich kann die Taube nicht sehen,
den Geist nicht spüren
und die Stimme nicht hören, die sagt:
Das ist mein geliebtes Kind, an dem ich Gefallen gefunden habe.

Vater, mein Vater, dein Sohn ist doch unser Bruder!
Ich will ja keine Wunder verlangen
und keine Sensation vor der Welt,
doch deine Stimme will ich hören im Herzen:
Du bist mein geliebtes Kind, an dem ich Gefallen gefunden habe.

Vater, mein Vater, ich will doch kein Taufscheinchrist sein!
Menschen sollen dich sehen durch mich,
ich will ihnen gut sein durch deinen Geist
und die Welt soll begreifen:
Ich bin dein geliebtes Kind, an dem du Gefallen gefunden hast.

1. FASTENSONNTAG

Darauf ließ der Teufel von ihm ab,
und es kamen Engel und dienten ihm. (Mt 4,11)

Der Segen der heiligen vierzig Tage sei mit dir,
Lebens-Wanderer, wenn deine Wege sich kreuzen.
Die Welt drängt dich, geradeaus zu gehen,
und der breite Weg führt mitten hinein in die Welt.

Halte ein, Lebens-Wanderer, an deinem Kreuzweg.
Der Segen der heiligen Zeit sei mit dir.
Fasse Mut und wage dich auf den schmalen Pfad.
Der Seitenweg weist dich in das Herz der Wüste.

In den Weiten unerreichbar für die Welt
kannst du Ausschau halten nach wahren Zielen.
Der Segen der heiligen Zeit sei mit dir,
Lebens-Wanderer, wenn dein Weg sich vor dir auftut.

Die Entscheidung fällt in der Wüste.
Geläutert im Fasten bricht der Erlöser auf.
Lebens-Wanderer, komm auch du gestärkt hervor
und bring den Segen deiner heiligen vierzig Tage in die Welt.

2. FASTENSONNTAG

Und er wurde vor ihren Augen verwandelt; sein Gesicht leuchtete wie die Sonne, und seine Kleider wurden blendend weiß wie das Licht. (Mt 17,2)

O Jesus, manchmal wünsche ich mir,
ich wäre dabei gewesen, damals auf dem Berg Tabor. Ich stelle mir vor, wie es wäre, dich vor mir zu sehen mit verklärtem Gesicht und strahlend weißem Gewand. Deine Verklärung ist ein Widerschein deines göttlichen Wesens und des Zieles meiner Wanderung und der himmlischen Vollkommenheit. O verklärter Jesus, ich würde dich so gern einmal sehen!

O Jesus, im Herzen wünsche ich mir,
ich könnte dich sehen, wie du verklärt auf dem Gipfel des Berges Tabor stehst. Wenn meine Tage dunkel sind und mein Leben keinen Sinn ergibt, könnte ich durch deine Verklärung das Licht sehen jenseits meines Unglücks, jenseits von Krankheit und Schmerz und jenseits meiner Schuld und Einsamkeit. O verklärter Jesus, ich würde dich so gern einmal sehen!

O Jesus, manchmal glaube ich,
dass ich erahnen kann, wie du im strahlenden Licht der Verklärung auf dem Berg Tabor stehst. In diesen Sternstunden spüre ich deine Anwesenheit in meinem Herzen. Und sie trösten mich auf meinem Weg durch die Welt, in Verzweiflung und Not und wenn ich an meinen Aufbruch zur Heimat beim Vater denke. O verklärter Jesus, wie wundervoll sind diese Ahnungen!

3. FASTENSONNTAG

Gott ist Geist, und alle, die ihn anbeten,
müssen im Geist und in der Wahrheit anbeten. (Joh 4,24)

O Gott, wir beten dich an.
Aus deiner Erhabenheit erscheinst du wie ein liebender Vater.
Dies kündet uns dein Gesalbter, der an Jakobs Brunnen verharrt.
Wir schauen zu dir auf mit kindlichem Verlangen.
Ehre sei dir und Dank und Liebe.

O Gott, wir beten dich an.
Deine Herrlichkeit nimmt Wohnung in den Herzen deiner Kinder.
Wie lebendiges Wasser ist uns das Wort deines Gesalbten.
Es erklärt uns zu Gottes Töchtern und Söhnen.
Ehre sei dir und Dank und Liebe.

O Gott, wir beten dich an.
Dein Wort sprengt die Mauern aller Tempel aus Stein.
An deinem Brunnen werden wir selbst zu sprudelnden Quellen.
Dein Geist und deine Wahrheit seien die Speise unseres Lebens.
Ehre sei dir und Dank und Liebe.

4. FASTENSONNTAG

Jesus antwortete: Solange ich in der Welt bin,
bin ich das Licht der Welt. (Joh 9,3a.5)

Freut euch, denn die Blinden werden sehend.
Jesus kam in die Welt, um die Werke des Vaters zu vollbringen und uns Sünder zu retten. Er kam, um unsere Augen zu öffnen, nicht nur die des Leibes, sondern auch die Augen des Herzens, damit wir im Geist sehen, worauf auch Gott sieht.

Freut euch, denn die Sehenden bekehren sich.
Jesus kam in die Welt, um Konventionen zu sprengen, die sich vom Sinn des Glaubens fortentwickelt haben. Er kam, um dem Sabbat seine heilige Bestimmung wiederzuschenken. Wer diese Zeichen erkennt, wirft sich mit Freude nieder und betet Gott an.

Freut euch, denn die Bekehrten sehen das Licht.
Jesus kam in die Welt, um uns Sünder wie aus einem Todesschlaf zu erwecken. Er kam als Licht in unsere Welt und er schenkt uns Anteil an seinem Leib und Blut, um uns durch die Auferstehung in das ewig strahlende Licht Gottes zu führen.

5. Fastensonntag

Und ich freue mich für euch, dass ich nicht dort war;
denn ich will, dass ihr glaubt. (Joh 11,15)

Herr, dein Freund ist krank!
Du bist der Heiland aller Menschen.
Solange wir auf Erden sind, ist unser Leben bedroht.
Herr Jesus, heile deinen Freund,
heile uns!

Herr, dein Freund ist gestorben!
Du willst ihn auferwecken.
Wenn wir auf Erden nichts mehr verändern, sind wir tot.
Herr Jesus, erwecke deinen Freund,
erwecke uns!

Herr, wärest du dort gewesen, wäre dein Freund nicht gestorben!
Du willst aber deinen Freund vor diesem Tod gar nicht retten.
Wir müssen dunkle Wege gehen, um zum Licht zu kommen.
Herr Jesus, verlass deinen Freund nicht,
verlass uns nicht!

Herr, du weinst am Grab deines Freundes!
Du bist tief erschüttert über seinen Tod.
Wir aber sollen sehen, dass vor Gott nichts unmöglich ist.
Herr Jesus, lass deinen Freund auferstehen,
lass uns auferstehen!

Herr, du rufst deinen Freund ins Leben zurück!
Du bist die Auferstehung und das Leben.
Jeder Tag unseres Erdenlebens ist ein Geschenk Gottes.
Herr Jesus, segne das neu geschenkte Leben deines Freundes,
segne unser neu geschenktes Leben!

Palmsonntag

Siehe, dein König kommt zu dir.
Er ist friedfertig, und er reitet auf einer Eselin und auf
einem Fohlen, dem Jungen eines Lasttiers. (Mt 21,5)

Hosanna Jesus – heute endlich König!
Die Welt jubelt dir zu und streut Palmzweige auf deinen Weg.
Doch sag, warum reitest du auf diesem lächerlichen Lasttier,
wo ist dein königlicher Zelter?
Herrgott, die Großen der Welt haben seltsame Einfälle!
Hosanna Jesus, am Tag deines Einzugs wollen wir nachsichtig sein.

Hosanna Jesus – heute endlich König!
Die Welt jubelt dir zu und opfert ihre Kleider auf deinem Weg.
Doch sag, warum blicken deine Augen so friedfertig,
willst du so unsere Feinde verjagen?
Herrgott, die Großen der Welt haben geheimnisvolle Einfälle!
Hosanna Jesus, heute wollen wir noch nachsichtig sein.

Hosanna Jesus – heute endlich König!
Die Welt jubelt dir zu und gerät in Aufregung auf deinem Weg.
Doch sag, warum hast du deine Krone verborgen,
wann willst du endlich wie ein echter König erscheinen?
Herrgott, die Großen der Welt haben verrückte Einfälle!
Hosanna Jesus, wenn das nur gut geht!

GRÜNDONNERSTAG

*Wenn nun ich, der Herr und Meister, euch die Füße gewaschen habe,
dann müsst auch ihr einander die Füße waschen. (Joh 13,14)*

Herr und Meister, lehre mich,
auf die Füße meiner Mitmenschen zu achten.
Lehre mich erkennen, wo der Schuh sie drückt.
Nach dem Beispiel, das du uns gegeben hast,
will ich mich gürten, niederknien und dienen.
Und im Herzen glaube ich, du bist es selbst,
Meister, der mich aus ihren Augen anblickt.

Herr und Meister, lehre mich,
die Größe deiner Liebestat zu begreifen.
So hoch du über die Menschen erhaben bist,
wäschst du doch jedem von ihnen die Füße.
Wenn auch wir bereit sind, einander zu dienen,
gibt es keinen Streit mehr um den ersten Rang
und unsere Liebe kann sich in der Welt bewähren.

Herr und Meister, lehre mich,
auch mir selbst die Füße waschen zu lassen.
Wenn sich mein Nächster gürtet und niederkniet,
so will ich dankbar sein und ihn nicht abweisen.
Seine Liebestat gibt uns beiden Anteil an dir
und im Herzen hoffe ich, dass du es bist,
Meister, der ihn aus meinen Augen anblickt.

Hinweis: *Dieser Text kann auch in den Lesejahren B und C verwendet werden.*

KARFREITAG

Er wurde vom Land der Lebenden abgeschnitten und wegen der
Verbrechen seines Volkes zu Tode getroffen. (Jes 53,8b)

„Gott, mein Gott, warum hast du mich verlassen?" –
Aufschrei aller gequälten Geschöpfe.
Aus tiefster Seelenfinsternis
schaue ich nach meinem Erlöser aus.

Mit fliehender Kraft hebe ich meinen Blick,
aber da ist nichts – nur das Kreuz.
Die Hände des Retters sind festgenagelt
und der Erlöser selbst ausgeliefert und hilflos.

„Gott, mein Gott, warum hast du mich verlassen?",
schreit mein Retter in seiner höchsten Not.
Jesus – mein Gott – ich höre dich schreien,
Erlöser – Mensch im Todeskampf.

Wenn der göttliche Menschensohn so schreit,
zu meinem Entsetzen,
was schreie dann ich – das Menschenkind –,
wenn meine Not am größten ist?

Wenn auch meine Seele am Ende schreit:
„Gott, mein Gott, warum hast du mich verlassen?",
dann schreist auch du
in meiner Seele
mit mir.
Du.

Hinweis: *Dieser Text kann auch in den Lesejahren B und C verwendet werden.*

FEIER DER OSTERNACHT

Seine Gestalt leuchtete wie ein Blitz,
und sein Gewand war weiß wie Schnee. (Mt 28,3)

Kairos – Sternstunde der Osternacht.
Wie ein Blitz leuchtet des Engels Gestalt.
Mensch, blick auf:
Er verkündet das Ende des Schreckens.
Vor dir steht der Bote des Himmels – weiß wie Schnee.
Er sagt: „Fürchte dich nicht!"

Mensch, du schreist ja immer noch:
„Gott hat mich verlassen in meinem Elend!"
Doch sieh! Das Grab ist leer – das Kreuz war gestern!
Diese Nacht umkleide dein Herz mit dem Glanz aus der Höhe.
Der Jubel der Osternacht sei mit dir, Mensch.
Der Auferstandene gibt dir Klarheit – auch deine Zeit wendet sich.

Mensch, dein Heiland hat geschrien wie du:
„Gott, mein Gott, warum hast du mich verlassen?"
Doch sieh! Sein Grab ist leer – das Kreuz überwunden!
In dieser Nacht führt er die Zeit von Erde und Himmel zusammen.
Lass dich segnen mit dem Jubel der Osternacht, Mensch.
Der Auferstandene gibt dir Klarheit – auch dein Grab ist einst leer!

Erhebe dein Antlitz
und sieh dich satt an der verklärten Gestalt.
Der Auferstandene ist schon so, wie wir sein werden.
Entfessle deine Seele und lass sie einmal triumphieren!
O unverhoffter Jubel – Kairos der Osternacht,
der Tod hat nicht das letzte Wort!

OSTERSONNTAG

Maria von Magdala ging zu den Jüngern und verkündete ihnen:
Ich habe den Herrn gesehen. (Joh 20,18)

Maria!
Jesus ruft die Frau, die in der Nacht
weinend vor den Trümmern ihrer Hoffnung steht.
Er ruft sie fort von Tränen und Grab.
Der Auferstandene ruft Maria bei ihrem Namen
und sie schaut ihn an und jubelt auf: „Rabbuni!"
Der Herr schenkt ihr das volle Begreifen der unverhofften Freude.
Sie trägt die Botschaft des Auferstandenen zu den Jüngern,
sie richtet aus, was er gesagt hat,
und sie birgt einen Schatz in ihrer Seele:
„Ich habe den Herrn gesehen!"

Maria!
Herr Jesus, riefst du auch mich in jener Nacht,
als ich weinend vor den Trümmern meines Lebens stand?
Warst du es, den ich tränenverschleiert sah?
Mir war so, als hättest du mich beim Namen gerufen.
Ja, ich sah dich, den Auferstandenen: „Rabbuni!"
Ich begriff – und in Trümmer zerbarst mein ganzes Elend.
In jener Nacht machtest du mich zu deinem Jünger,
Jünger des Auferstandenen in der Kirche der Gegenwart.
Und ich berge einen Schatz in meiner Seele:
„Ich habe den Herrn gesehen!"

2. Sonntag der Osterzeit

Streck deine Hand aus und leg sie in meine Seite,
und sei nicht ungläubig, sondern gläubig! (Joh 20,27)

Ach Herr, ich bin Thomas, der Ungläubige!
Warum prüfst du mich mehr als jene?
Zehn Jüngern bist du erschienen,
die hatten leicht glauben: *Mein Herr und mein Gott!*

Ach Herr, ich bin es, dein Thomas!
Warum soll ich als einziger glauben, was ich nicht sehe?
Mehr als die Zehn trachte ich nach deiner Erscheinung.
Ohne dich kann ich nicht glauben: *Mein Herr und mein Gott!*

Ach Herr, ich bin dein Jünger Thomas!
Du sagst, selig sind, die nicht sehen und doch glauben.
Trotzdem lässt du die Zehn, und diesmal auch mich, dich sehen!
Endlich kann ich glauben: *Mein Herr und mein Gott!*

O mein Herr, ich bin Thomas, der Glückliche!
Ich habe nicht nur gesehen, um zu glauben.
Ich durfte mehr als die Zehn: meine Hand nach dir ausstrecken.
Dieser Glaube rettet mein Leben: *Mein Herr und mein Gott!*

3. Sonntag der Osterzeit

Als es schon Morgen wurde, stand Jesus am Ufer.
Doch die Jünger wussten nicht, dass es Jesus war. (Joh 21,4)

Wenn das Einerlei des Alltags zurückkehrt,
wenn du dich abmühst ohne Ertrag
und deine Netze leer bleiben,
dann sei mit dir der Segen des Auferstandenen.
Er erscheine an den Ufern deines Lebens
und überrasche dich mitten in deinem Alltag.

Wenn die Last des Lebens dich niederdrückt,
wenn du die Arbeit kaum bewältigen kannst
und doch nichts zu essen findest,
dann sei mit dir der Segen des Auferstandenen.
Er zeige dir, auf welche Weise du Gutes fängst,
und wirble deinen Alltag auf.

Wenn wir die Osterbotschaft wieder vergessen,
mit einem Achselzucken zur Tagesordnung übergehen
und unsere Seelen keine Nahrung finden,
dann sei mit uns der Segen des Auferstandenen.
Er speise uns mit dem Brot, das wahrhaft nährt,
und erhebe uns über den Horizont unseres Alltags.

4. Sonntag der Osterzeit

Ich bin gekommen, damit sie das Leben haben
und es in Fülle haben. (Joh 10,10)

Christen – was stellen wir dar?
Eine lächerliche Horde Schafe,
dem Spott der Welt ausgeliefert?
Zum Leiden berufen,
wehrlos gegen Diebe und Räuber,
die über uns herfallen,
schlachtend und vernichtend?

Christen – was stellen wir dar?
Eine Gemeinschaft heiligen Sinnes,
zum Ärgernis für die Welt!
Zum Aufbruch berufen
unter dem Schutz des Guten Hirten,
der uns vorausgeht,
leitend und rettend!

Christen – was stellen wir dar?
Die Kirche Christi unseres Herrn,
für das Leben in unserer Welt!
Zum Handeln berufen
durch die Kraft des Heiligen Geistes,
der uns führt,
aufrichtend und belebend!

5. SONNTAG DER OSTERZEIT

Jesus sagte zu ihm:

Ich bin der Weg und die Wahrheit und das Leben;

niemand kommt zum Vater außer durch mich. (Joh 14,6)

Jesus, wir wandern zum Haus des Vaters,
wandern, so lange wir leben.
Du bist unser Weg, du selbst in uns,
so wie du im Vater und der Vater in dir.
O Jesus, wir glauben an dich!
Lass den Heiligen Geist sich erheben!

Jesus, wir suchen die rechte Wohnung,
suchen, so lange wir wandern.
Du bist unsere Wahrheit, du selbst in uns,
wer dich erkennt, versteht auch den Vater.
O Jesus, wir beten dich an!
Lass den Sturm des Heiligen Geistes heraufziehen!

Jesus, wir sehnen uns nach dem Vater,
sehnen uns, so lange wir suchen.
Du bist unser wahres Leben, du selbst in uns,
wie in dir der Vater lebt und seine Werke vollbringt.
O Jesus, wir rufen dich an,
wohne in uns mit der Kraft des Heiligen Geistes.

6. SONNTAG DER OSTERZEIT

Nur noch kurze Zeit, und die Welt sieht mich nicht mehr;
ihr aber seht mich, weil ich lebe und weil auch ihr leben werdet.
(Joh 14,19)

Herr, wir singen fröhlich
in der Osterzeit das Halleluja.
Die Freude der Auferstehung
ist noch so nah,
du aber sagst: „Nur noch kurze Zeit."

Herr, wir schauen mit Freude
in dieser Zeit auf die Osterkerze.
Christus, dein Licht
ist noch so hell,
du aber sagst: „Nur noch kurze Zeit."

Herr, nur noch kurze Zeit,
dann brichst du zum Vater auf.
Wir werden deine Nähe und dein Licht vermissen
in der Welt, die dich weder sieht noch kennt.
Du aber sagst: „Der Beistand ist nicht fern."

CHRISTI HIMMELFAHRT

Als er das gesagt hatte,
wurde er vor ihren Augen emporgehoben, und eine Wolke
nahm ihn auf und entzog ihn ihren Blicken. (Apg 1,9)

Herr Jesus, du wurdest zum Himmel emporgehoben.
Wir blicken dir sehnsüchtig nach.
Himmelsstürmer wollen wir sein
und die Welt sei uns niemals genug.

Herr Jesus, du wohnst im Licht des Vaters,
doch dein Herz schlägt für die Menschen.
Mach uns zu Himmelsstürmern voll Tatendrang,
zum Wohl aller Schwestern und Brüder in der Welt.

Herr Jesus, du wirst uns mit Heiligem Geist taufen.
In ihm bleibst du bei uns bis zum Ende der Tage.
Mach uns zu Himmelsstürmern voll Feuer,
damit österliche Freude auch die Welt erfülle.

Herr Jesus, wir sehnen uns nach dir,
aber wir leben noch unter den Wolken.
Unser Geist will den Himmel erstürmen,
doch Herz und Hand wollen wir geben für die Welt.

Herr Jesus, du wirst in Herrlichkeit wiederkommen.
Schon bereitest du die Wohnungen für uns.
Himmelsstürmer wollen wir sein voll Freude,
die am Ende aus der Welt zu dir auferstehen dürfen.

7. Sonntag der Osterzeit

Ich bin nicht mehr in der Welt, aber sie sind in der Welt. (Joh 17,11a)

O Heiliger Geist,
der Auferstandene ging schon zum Vater,
doch wir sind noch in der Welt.
O Geist, der aus den Himmeln hervorgeht,
dein Beistand wurde uns versprochen.
Worauf wartest du?

O Heiliger Geist,
wir sind im Zeichen des Kreuzes schon jetzt erlöst,
doch in der Welt sind wir noch nicht vollkommen.
O Geist, der aus den Himmeln hervorgeht,
wir brauchen deinen Beistand.
Worauf wartest du?

O Heiliger Geist,
unsere Engel sind schon im Licht des Himmlischen Vaters,
doch unser Fleisch und Blut noch in den Fängen des Versuchers.
O Geist, der aus den Himmeln hervorgeht,
wir sehnen deinen Beistand herbei.
Worauf wartest du?

PFINGSTEN

Alle, die sich vom Geist Gottes leiten lassen, sind Söhne Gottes. (Röm 8,14)

Komm, Heiliger Geist – unfassbare Person Gottes!
Heute wagen wir uns in deine Nähe.
Segne uns mit deiner göttlichen Begeisterung,
damit wir aufmerken.

Komm, Heiliger Geist – schöpferische Person Gottes!
Deine Nähe macht alles neu.
Segne unseren Geist mit himmlischer Fantasie,
damit wir aufleben.

Komm, Heiliger Geist – eigenwillige Person Gottes!
Unsere erneuerten Herzen bestaunen unverhoffte Wege.
Segne unseren Geist mit freudiger Bereitschaft,
damit wir aufbrechen.

Komm, Heiliger Geist – feurige Person Gottes!
Neue Wege, auf die wir uns wagen, leuchten hell.
Segne unseren Geist mit funkensprühender Energie,
damit wir provozieren.

Komm, Heiliger Geist – stürmische Person Gottes!
Im hellen Licht vorweg zu laufen ist eine Herausforderung.
Segne unseren Geist mit unerschöpflicher Kraft,
damit wir erstarken.

Komm, Heiliger Geist – andere Person Gottes!
Angestürmte Ziele machst du manchmal selbst zu Sackgassen.
Segne unseren Geist mit vertrauensvoller Einsicht,
damit wir begreifen.

Komm, Heiliger Geist – radikale Person Gottes!
Sackgassen und Umwege machen unsere Wege zum Ziel.
Segne unseren Geist mit beharrlicher Tapferkeit,
wenn es sein muss, gegen die Wand zu laufen, bis die Mauer fällt.

Hinweis: *Dieser Text kann auch in den Lesejahren B und C verwendet werden.*

2. Sonntag im Jahreskreis

Ich mache dich zum Licht für die Völker,
damit mein Heil bis an das Ende der Erde reicht. (Jes 49,6b)

Jesus, du bist das Lamm Gottes
Bezeugt durch Johannes den Täufer
Geheimnisvolles Wort vom Vater
Zu uns Menschen in die Welt gesandt
Schutzbedürftig und verwundbar
Opferlamm, das unsere Sünde trägt
In dir erlangen wir Gottes Heil
Wir beten dich an und preisen dich

Jesus, auf dir ruht Gottes Geist
Johannes sieht es und bezeugt es
Du bist vor aller Zeit in des Vaters Licht
Vom Himmel steigst du zu uns herab
Du bringst Licht in unsere ganze Welt
Mit Heiligem Geist und Feuer taufst du uns
Verwandelst uns als Kirche in deinen Leib
Wir beten dich an und preisen dich

Jesus, du bist Gottes Sohn
Johannes legt sein Zeugnis für dich ab
Wie du sollen auch wir Knechte Gottes sein
Uns mit aller Kraft als deine Kirche erweisen
Sie soll zum Licht für die Völker werden
Alle Enden der Erde sollen Gottes Heil sehen
Durch dich, der uns alle Tage zur Seite steht
Wir beten dich an und preisen dich

3. Sonntag im Jahreskreis

Das Volk, das im Dunkel lebte,
hat ein helles Licht gesehen. (Mt 4,16)

Komm, Herr Jesus,
wir sind wie das Volk, das im Dunkeln lebt.
Segne uns mit deinem hellen Licht,
damit wir umkehren.

Komm, Herr Jesus,
wir sind die Kirche, die gespalten ist.
Segne uns durch die Kraft deines Kreuzes,
damit wir einig werden.

Komm, Herr Jesus,
wir sind die Arbeiter, die sich mit Irdischem abmühen.
Segne uns mit deiner Berufung,
damit wir dir nachfolgen.

Segne unsere Umkehr,
damit das Himmelreich näher kommt.
Segne unsere Einmütigkeit,
damit die Gute Nachricht wahr wird.
Segne unsere Nachfolge,
damit sich dein Heil in der Welt ausbreitet.

Komm, Herr Jesus,
sei mit uns auf unserem Weg durch die Welt,
gib uns Kraft durch dein heiliges Himmelsbrot
und segne uns heute mit deiner Gegenwart.

4. Sonntag im Jahreskreis

Selig seid ihr, wenn ihr um meinetwillen beschimpft und verfolgt und auf alle mögliche Weise verleumdet werdet. Freut euch und jubelt: Euer Lohn im Himmel wird groß sein. (Mt 5,11.12)

Eines Tages trug ich meine brennenden Fragen vor den Herrn.
Er aber ließ mich im Herzen seine aufrüttelnden Antworten erahnen:

Ich fragte: Herr Jesus, darf ich wirklich nur arm und klein sein?
Er sprach: Sei arm vor Gott, doch sieh auf deinen Reichtum, da du nach seinem Bild und nur wenig geringer geschaffen bist als Gott!

Ich fragte: Herr Jesus, wie willst du uns trösten?
Er sprach: Wenn die Welt dich allein lässt und keinen Trost für dich hat, soll die Freude über deine Berufung dir Trost schenken.

Ich fragte: Herr Jesus, wie erhalte ich mein Leben ohne Gewalt?
Er sprach: Verzichte auf die Vergeltung, so kann der Feind nicht wieder zuschlagen und er steht ratlos mit erhobener Waffe da.

Ich sagte: Herr, Gerechtigkeit ist selten zielführend in der Welt!
Er sprach: Liefere dich nur aus und achte dich selbst gering. So kannst du der Welt gut sein und dennoch alles gewinnen!

Ich sagte: Herr Jesus, die Welt nimmt die Barmherzigen nicht ernst.
Er sprach: Bekämpfe Not und Mangel nach deinen Möglichkeiten, und die Welt wird staunen und anerkennen!

Ich sagte: Herr Jesus, ein reines Herz gilt nichts in der Welt!
Er sprach: Aber nur so kannst du das Himmelreich erspüren und die Kirche Gottes nach deinen Kräften mit auferbauen!

Ich sagte: Herr, Friedensstifter geraten oft zwischen die Fronten!
Er sprach: Wenn du dabei einmal nicht an dich selber denkst, haben deine Friedenspläne eine echte Chance!

Ich rief: Dein Wort zu befolgen, Herr, geht über meine Kraft!
Er sprach: Versuche es getrost! Ich werde dir zur Seite stehen. Du wirst die Vielen provozieren und ich werde dich segnen!

5. Sonntag im Jahreskreis

*Nimm die obdachlosen Armen ins Haus auf, wenn du einen Nackten
siehst, bekleide ihn; dann geht im Dunkel dein Licht auf, und deine
Finsternis wird hell wie der Mittag. (Jes 58,7b.10b)*

Kirche – Salz der Erde.
Brot ohne Salz ist essbar, aber es mangelt am Genuss.
Der Hungrige würde gespeist, aber sein Herz bliebe einsam.
Salz der Erde – Kirche Gottes – sollen wir sein!
Unser Herz für die Armen und unsere Hand für die Entwurzelten.
Die Verachteten sind unsere Brüder und Schwestern.
Und der Herr wird sagen: „Hier bin ich!"

Kirche – darf nicht fade sein!
Brot ohne Liebe gegeben ist essbar, aber es mangelt an der Freude.
Der Hungrige würde leben, aber sein Herz bliebe traurig.
Nicht fade – Kirche Gottes – sollen wir sein!
Die Armen haben ein Herz und die Entwurzelten eine Seele.
Die Würde der Verachteten ist unantastbar!
Und der Herr wird sagen: „Ich bin es!"

Kirche – Licht der Welt.
Wenn wir Brot gemeinsam essen, strahlt Licht auf im Dunkel.
Alle werden satt und Himmelslicht kommt über die Eine Welt.
Licht der Welt – Kirche Gottes – sollen wir sein!
Sich berühren lassen von der Hand der Armen, der Entwurzelten,
an einem Tisch mit den Verachteten.
Und unser Herr wird sagen: „Ich bin mitten unter euch!"

6. Sonntag im Jahreskreis

Denkt nicht, ich sei gekommen, um das Gesetz und die Propheten
aufzuheben. Ich bin nicht gekommen, um aufzuheben,
sondern um zu erfüllen. (Mt 5,17)

Tiere sehen und hören, haben Fleisch und Blut
und sie folgen ausschließlich ihrem Instinkt.
Tiere jagen, töten und kämpfen um den ersten Platz,
aber sie haben keine Vernunft.

Menschen folgen den gleichen Naturgesetzen.
Sie haben Vernunft und kämpfen gegen das innere Tier.
Natur treibt sie zu Ellenbogenkampf und Mord und Krieg,
aber sie haben Gesetz und Propheten.

Menschen mit Waffen in den Händen
handeln vernunftbegabt, doch wie Tiere berechenbar.
Sie wollen nichts weiter als den ersten Platz,
und Gesetze befolgen sie nur aus Angst vor Strafe.

Menschen mit Herz wachsen über Gesetze hinaus
und sie leben und handeln aus der Sehnsucht nach Heilung.
Sie hören das Wort des Herrn: „Ich aber sage euch",
es erschließt ihnen den erlösenden Geist des Gesetzes.

Ohne Vernunft gibt es kein „Gut oder Böse".
Gesetz und Propheten schenken festen Halt.
Geistlose Gesetzestreue ergibt keinen Sinn.
Liebe jedoch erfüllt das Gesetz mit dem Geist der Vollkommenheit.

7. SONNTAG IM JAHRESKREIS

*Ich aber sage euch: Leistet dem, der euch etwas Böses antut, keinen
Widerstand, sondern wenn dich einer auf die rechte Wange schlägt,
dann halt ihm auch die andere hin. (Mt 5,39)*

Die Chance des Opfers

Herr, wenn es dein Wille ist,
dass ich einmal zum Opfer werde,
so gibt es zwei Wege,
die sich vor mir auftun.

Der erste führt durch die Welt:
Ich erkläre den Schuldigen zu meinem Feind,
vergesse niemals, was er mir angetan,
und er hat keine Chance, je wieder frei zu sein.

Die Welt gäbe mir Recht!
Doch weder Opfer noch Feind
werden jemals Frieden finden
für immer und ewig!

Doch gibt es jenen anderen Weg,
dein „Ich aber sage euch: Liebt eure Feinde".
Ich weite mein Herz und biete Versöhnung an.
Die Welt würde lachen!

Einzig das Opfer hat die Chance,
des Feindes Wange und Gesicht zu wahren,
und Friede wird wachsen
für immer und ewig.

Herr, wenn es dein Wille ist,
dass ich einmal in Schuld falle,
dann steh meinem Opfer bei,
dass es die Chance des Opfers nutzt.

Die einzige Chance für uns *beide*.

8. Sonntag im Jahreskreis

Sorgt euch also nicht um morgen;
denn der morgige Tag wird für sich selbst sorgen.
Jeder Tag hat genug eigene Plage. (Mt 6,34)

Wie kaum ein anderer hat einst Papst Johannes Paul II. diese Botschaft beherzigt, als er in seiner letzten Bedrängnis jenes wundervolle Wort sprach: „Ich bin froh, seid ihr es auch!"

Ich aber, brauche ich mir etwa keine Sorgen zu machen? Muss ich nicht dem Mammon dienen, um Brot und Kleidung kaufen zu können? Wie kann ich sonst froh sein über den morgigen Tag?

Jener aber sprach am letzten Tag: „Ich bin froh, seid ihr es auch!"

Ich kann aber nicht sorglos leben, denn ich bin weder Lilie noch Sperling. Nackt kann ich nicht gehen und auch nicht Brosamen picken. So kann ich nicht froh sein über den morgigen Tag.

Jener aber sprach: „Ich bin froh, ..." und hatte keinen nächsten Tag.

Die Diener des Mammons leben jetzt gut, denn sie leiden keinen Mangel an Brot oder Kleidung. Dennoch halten all ihre Sorgen den Tod nicht fern, und dieser vernichtet sie ganz und gar.

Und ich betrachte das große Wort: „Ich bin froh, seid ihr es auch!"

Richte ich all mein Sinnen voll Vertrauen auf Gott, verliert der Mammon seine Macht über mich. Ich aber gewinne durch die Speise des Himmelsbrotes das wahre Leben in der Gemeinschaft des Herrn.

Herr Jesus, so nimmst du mir alle Sorgen dieser Welt ab. Wie dein Stellvertreter auf Erden, so will auch ich deine wunderbare Botschaft beherzigen. Jener war froh, jetzt bin ich es auch!

9. SONNTAG IM JAHRESKREIS

Seht, heute werde ich euch
den Segen und den Fluch vorlegen. (Dtn 11,26)

Gott unser Vater, Schöpfer der Welt,
du breitest deinen heilbringenden Weg vor uns aus.

Nach den Geboten Gottes leben heißt:
Den Weg unter den Füßen nie zu verlieren,
wohin auch immer wir gehen.

Segen oder Fluch –
kein Weg der Welt führt so zuverlässig zum Ziel und kann Heimat
schenken in Fülle. Geschöpf, ergreife den Segen!

Gott unser Herr Jesus Christus, Erlöser der Welt,
du sprichst über uns dein Wort der Gnade.

Aus dem Glauben an Christus leben heißt:
Heil zu erlangen trotz unserer Sünden und von der Liebe Gottes
niemals getrennt zu sein.

Segen oder Fluch –
keine Instanz der Welt kann unsere Verfehlungen aufheben und
Licht verbreiten in Fülle. Mensch, ergreife den Segen!

Gott unser Heiliger Geist, Beistand der Welt,
du schließt den Sinn der Worte Jesu für uns auf.

Nach dem Wort des Herrn leben heißt:
Wunder zu vollbringen im Namen des Herrn und das Himmelreich
auf der Erde aufscheinen zu lassen.

Segen oder Fluch –
keine Kraft der Welt kann unser Haus vor Einsturz bewahren und Leben
schenken in Fülle. Kind Gottes, ergreife den Segen!

10. Sonntag im Jahreskreis

Und als Jesus in seinem Haus beim Essen war,
kamen viele Zöllner und Sünder und aßen zusammen mit ihm
und seinen Jüngern. (Mt 9,10)

Komm in unseren Alltag, Herr Jesus.
Rufe uns heraus aus den Beschäftigungen, mit denen wir nach den
Schätzen der Welt greifen, die aber keine Frucht bringen für das Him-
melreich. Herr Jesus, sei unser Meister!

Komm in unser Haus, Herr Jesus.
Wir sind nicht anders als jene Zöllner und Sünder, mit denen du dich
vor den Augen der Pharisäer an einen Tisch gesetzt hast, um sie zur
Umkehr zu rufen. Herr Jesus, sei uns willkommen!

Komm in unser Herz, Herr Jesus.
Gib uns Sündern die Einsicht, dass wir der Erlösung bedürfen, und
erfülle uns mit zuversichtlicher Freude darüber, dass du dich für uns
hingegeben hast. Herr Jesus, sei unser Heiland!

Komm unter unser Dach, Herr Jesus.
Wir sind deiner nicht würdig, doch du kehrst bei uns Menschen ein,
damit wir im gemeinsamen Mahl Anteil erlangen an deinem heiligen
Leib und Blut. Herr Jesus, sei unser Licht.

Komm in unser Leben, Herr Jesus.
Voll Freude bereiten wir dir unser Herz, damit du darin Wohnung
nehmen kannst. Mit neuem Geist wollen wir dir nachfolgen und zum
Vater gehen. Herr Jesus, sei unser Weg!

11. Sonntag im Jahreskreis

Geht und verkündet: Das Himmelreich ist nahe.
Heilt Kranke, weckt Tote auf, macht Aussätzige rein,
treibt Dämonen aus! Umsonst habt ihr empfangen,
umsonst sollt ihr geben. (Mt 9,7.8)

Wer bin ich, Herr, dass du mich rufst?
Was zeichnet dein Volk aus, das du auserwählt hast?
Warum beschenkst du die Patriarchen mit deiner Verheißung
und die Propheten mit deinem Heiligen Geist?
Was haben deine Jünger, Herr Jesus, allen anderen voraus?
Berufene sind wir – deine Kirche Gottes!

Ich bin ein Sünder, Herr, warum rufst du mich?
Dein Volk ist halsstarrig, willst du ein solches Eigentum?
Die Patriarchen kennen dich am Anfang noch gar nicht
und die Propheten tragen schwer an deinem Wort.
Auch deine Jünger, Herr Jesus, sind nicht ohne Schuld.
Umsonst empfangen wir – und sind Kirche Gottes!

Dein Ruf macht mich groß, Herr, ohne Verdienst.
Du heiligst dein Volk zum Segen der Menschen für alle Zeit.
Der Glaube macht die Patriarchen unsterblich
und die Einwilligung verleiht den Propheten die Kraft.
Mit deiner Vollmacht, Herr Jesus, sendest du deine Jünger aus.
Umsonst sollen wir geben – als Kirche Gottes!

Wenn du mich rufst, Herr, obwohl ich ein Sünder bin,
will ich zu deinem Volk gehören, zum Segen der Schöpfung.
Ein Kind Abrahams will ich sein und dich kennen lernen,
und das Wort, das du mir gibst, in die Welt rufen.
Dein Jünger will ich sein, Herr Jesus. Mit deiner Vollmacht
bin ich ein Baustein der Kirche Gottes – bis zu deiner Wiederkunft!

12. Sonntag im Jahreskreis

Wer sich nun vor den Menschen zu mir bekennt,
zu dem werde auch ich mich
vor meinem Vater im Himmel bekennen. (Mt 10,32)

Wohl uns, denn Gott hat uns begnadigt.
Von Anfang an übertreten wir Gottes Gebote
und verdienen das Leben nicht aus eigener Kraft.
Einzig die Gnadentat des Sohnes vom himmlischen Vater
kann uns dem Tod für immer entreißen.

Wohl uns, denn der Sohn hat uns erlöst.
Durch sein Opfer leistet er Sühne für unsere Sünden
und wir erhalten bleibenden Anteil an Gottes Gnade.
Durch sie gewinnen wir das Leben und die Herrlichkeit.
Darum bekennen wir uns vor den Menschen zu Christus.

Wohl uns, denn wir brauchen uns nicht zu fürchten.
Wir sind geborgen in der Hand des himmlischen Vaters
und kein Mensch kann uns dieses Leben entreißen,
wenn nur am Ende Christus sich auch zu uns bekennt,
vor seinem und vor unserem Vater im Himmel!

13. Sonntag im Jahreskreis

Wer das Leben gewinnen will, wird es verlieren;
wer aber das Leben um meinetwillen verliert,
wird es gewinnen. (Mt 10,39)

Was wäre mein Lohn, fragte ich mich,
wenn ich Christus nachfolgte.
Hat er denn nichts anderes zu bieten,
als ein Kreuz auf meinen Schultern?
Und soll mein Leben mir gar nichts bedeuten?

Es ist so schwer, schrie ich auf,
Herr Jesus, was verlangst du von mir?
Mein Kreuz drückt mich zu Boden,
ich will es nicht haben, ich bin viel zu klein!
Und ich kann mein Leben nicht einfach wegwerfen!

Lehne dich nicht auf, sprach *er* einmal zu mir,
öffne mir die Tür deines Herzens!
So griff ich nach meinem Kreuz mit neuer Kraft,
ich konnte es wirklich tragen und richtete mich auf.
Da gewann mein Leben endlich einen Sinn!

Was ist mein Lohn, hatte ich gefragt,
wenn ich Christus nachfolgte.
Wer ihn aufnimmt, nimmt auch den Vater auf.
Es war wie frisches Wasser für mein Herz
und ein himmlisches Licht ging über mir auf.

14. Sonntag im Jahreskreis

Siehe, dein König kommt zu dir. Er ist gerecht und hilft;
er ist demütig und reitet auf einem Esel, auf einem Fohlen,
dem Jungen einer Eselin. (Sach 9,9b)

Mensch, wenn es dir einmal zur Last fällt,
unter Menschen stets der Größte sein zu wollen,
der Stärkste, der Mächtigste,
dann beuge dich unter das Joch des Königs,
denn er ist demütig und reitet auf einem Esel.
Verzichte auf Krieg und Kampf und Intrige
und mach den Schein nicht größer als das Sein.
Diese Last ist leicht.

Mensch, wenn dir die Plage einmal zu groß wird,
unter Menschen stets der Beste sein zu wollen,
der Gescheiteste, der Klügste,
dann beuge dich unter das Joch des Herrn Jesus,
denn er ist gütig und von Herzen demütig.
Deine Weisheit ist nur ein Hauch vor des Höchsten Plan.
Du aber sei nichts weiter als du selbst und ein Geschöpf Gottes.
So findest du Ruhe für deine Seele.

Mensch, wenn du einmal müde wirst,
von der Last und Plage deines Lebens
in der Gestalt vom Fleisch,
dann beuge dich getrost unter das Joch des Herrn,
denn der Geist, der auferwecken kann, wohnt in dir.
Deine Seele hat das Leben, denn nur das Fleisch verdirbt.
Drum lass nur los, was du doch nicht festhalten kannst.
Diese Last ist leichter, als du denkst.

15. Sonntag im Jahreskreis

Ein anderer Teil schließlich fiel auf guten Boden
und brachte Frucht, teils hundertfach, teils sechzigfach,
teils dreißigfach. (Mt 13,8)

Gott der Herr segne
den Boden, den du bestellst,
und die Erde, auf der du stehst.
Der Herr segne den Acker, von dem du lebst,
und die Arbeit, die dich erhält.
Er segne deine Hand und dein Herz,
auf dass du reichlich erntest
und dein Brot essen kannst mit Jauchzen.

Gott der Herr segne
den Boden, auf dem du säst,
und die Saat, die du ausbringst.
Der Herr erhalte dein Erdreich gut und tief
und die Dornen und das Unkraut gering.
Er segne deine Augen und deine Ohren,
auf dass du in Fülle lebest
und dein Brot essen kannst mit Lob und Dank.

Gott der Herr segne
den Boden, der du selbst bist,
und das Wort, das in dir aufgeht.
Der Herr schenke dir Kraft, zu verstehen
und Beständigkeit, zu erhalten.
Der Herr mache deine Hand stark und dein Herz weit,
auf dass du die Größe der Ernte erkennst
und die Frucht in dir hundertfach aufgeht.

16. Sonntag im Jahreskreis

*Lasst beides wachsen bis zur Ernte. Wenn dann die Zeit der Ernte da
ist, werde ich zu den Arbeitern sagen: Sammelt zuerst das Unkraut
und bindet es in Bündeln, um es zu verbrennen; den Weizen aber
bringt in meine Scheune. (Mt 13,30)*

Himmelreich –
Herrlichkeit des Vaters von Anfang an,
vom Menschensohn in die Erde gesät,
vom Heiligen Geist gehegt und gepflegt,
auf dass es wachse in unserer Welt!

Himmelreich –
guter Samen auf dem Acker der Welt,
weit verzweigter Baum aus winzigem Korn,
schmackhaftes Brot aus kleinem Säuerling,
dass es aufgehe in unserer Welt!

Himmelreich –
Weizen Gottes, all überall
vom Unkraut durchwachsen und umgeben,
er muss standhalten bis zur großen Ernte
und Frucht bringen in unserer Welt!

Himmelreich –
Gemeinschaft der Heiligen – Kirche Gottes,
wir alle sind Glieder an dem einen Leib Christi,
und der Heilige Geist tritt beim Vater für uns ein,
damit wir unserer Welt gut sein können!

Himmelreich –
kleines Samenkorn in unseren Herzen,
geh auf und breite deine Zweige aus,
lass die Vögel des Himmels auf unseren Wegen singen
und deine Herrlichkeit aufgehen über unserer Welt!

17. SONNTAG IM JAHRESKREIS

Weiter ist es mit dem Himmelreich wie mit einem Netz,
das man ins Meer warf,
um Fische aller Art zu fangen. (Mt 13,47)

Himmlisches Netz

O Herr,
es gab einen Tag in meinem Leben,
da warfst du dein himmlisches Netz nach mir aus.

Du umgarntest mich
mit einem Geflecht aus lebendigem Licht,
und die Augen meiner Seele blickten auf:

Mitten hinein
in die unvergängliche Schönheit, die Fülle des Lebens,
die Fülle des Seins – Gott – Vater, Sohn, Geist

und das Himmelreich.

Dieses Bild
brannte sich in meine Seele ein für alle Zeit,
und die Erinnerung wurde mir teuer.

Himmelreich,
o mein Schatz, meine Perle von allerhöchstem Wert,
vor dir wird matt der Schein des Goldes.

Irdisches Stückwerk bedeutet nichts mehr
und ich durchlebe den Strom meiner Erdenzeit wie ein Fisch,
gefangen im himmlischen Netz, umgarnt von einem Geflecht

aus lebendigem Licht.

18. Sonntag im Jahreskreis

Auch wer kein Geld hat, soll kommen.
Kauft Getreide, und esst, kommt und kauft ohne Geld,
kauft Wein und Milch ohne Bezahlung. (Jes 55,1b)

Segne, Herr, segne unser Brot,
das wir mit den Hungrigen teilen.
Mit deinem guten Segen reiche es für alle –
wir könnten essen und jeder würde satt
und wir hätten sogar im Übermaß.

Segne, Herr, segne unsere Zeit,
die wir um des Himmels willen verschenken.
Mit deinem guten Segen werde sie uns nie knapp –
und die Einsamen am Rand unserer Zeit
könnten aufleben mit uns in Gemeinschaft.

Segne, Herr, segne unseren Wein,
den wir miteinander trinken.
Dein guter Segen schenke uns allen Frohsinn
über irdische Maßen hinaus –
und unsere Freude könnte himmlisch sein!

19. Sonntag im Jahreskreis

*Jesus sagte: Komm! Da stieg Petrus aus dem Boot
und ging über das Wasser auf Jesus zu. (Mt 14,28)*

O Herr, ich möchte so gern
über das Wasser dahinlaufen
wie du und dein Freund Petrus,
aber ich versuchte es nie.

O Herr, es würde ein Wunder sein,
aber ich habe nicht Augen und Ohren,
dich auf dem Wasser vor mir zu sehen
und dich rufen zu hören: „Komm!"

O Herr, wenn ich ein Jünger wäre
und mein Glaube nicht klein,
dann würde ich auf den Wellen tanzen,
mitten hinein in die Stürme des Lebens.

O Herr, ich bin ein kleines Stückchen Kirche
und wir alle setzen unser Vertrauen auf dich.
Schon zweitausend Jahre lang tanzt unser Boot
durch die brausenden Wogen der Zeit dahin.

O Herr, wir werden gerüttelt von Wellen und Wind,
streck deine Hand aus: rette uns!
Und segne uns, deine Kirche Gottes,
damit sie niemals zu Grunde geht.

20. Sonntag im Jahreskreis

Darauf antwortete ihr Jesus: Frau, dein Glaube ist groß.
Was du willst, soll geschehen. (Mt 15,28)

Halte aus, du meine arme geplagte Seele,
halte aus und höre nie auf, den Herrn Jesus zu bitten,
auch wenn seine Antwort manchmal sehr barsch ist.

Gib deine Bitte nie auf, du mein armes gequältes Herz,
auch wenn du dir vorkommst wie ein Hund,
der unter dem Tisch der Reichen um Brotreste winselt.

Höre nie auf zu glauben, du mein armer verzweifelter Geist,
dass der Herr Jesus dir gewähren kann, um was du ihn bittest,
auch wenn er dir zuerst klarmacht, dass du es nicht verdienst.

Bitte den Herrn Jesus immer wieder und halte nur aus,
du meine arme geplagte Seele, und vergiss nie,
dass er am Ende auch die Heidin erhört!

Sie hatte ihn gesehen und als den Herrn erkannt.
Ihr Glaube war tief und auch sie gab nicht auf,
obwohl der Herr ihr eine sehr barsche Antwort gab.

Halte aus, meine Seele, und bitte den Herrn Jesus standhaft,
so wird dein Glaube dir helfen und „was du willst, soll geschehen",
damit endlich auch du jubeln kannst über sein Heil.

21. SONNTAG IM JAHRESKREIS

Jesus fragte seine Jünger:
Für wen halten die Leute den Menschensohn? (Mt 16,13b)

Wir Christen hier und heute, für wen halten wir Jesus? Haben wir uns je gefragt, wer Jesus für uns ist, welchen Stellenwert er in unserem Leben hat? Menschensohn, Gottessohn oder Messias? Es gibt viele Ehrentitel für das Haupt unserer Kirche, deren Glieder wir sind, aber haben wir uns jemals einen Namen ausgedacht, der das ausdrückt, was Jesus für uns ganz persönlich bedeutet?

Die Jünger sprechen Jesus mit „Herr" und „Meister" an, Thomas ruft: „Mein Herr und mein Gott!" im Augenblick seines tiefsten Glaubens und die Schriftgelehrten führen ihre Streitgespräche mit Jesus als „Rabbi". Während das Volk Jesus für einen der alten Propheten hält, lässt der Vater im Himmel Petrus Jesus als „Messias, den Sohn des lebendigen Gottes" erkennen. Wir aber, was sagen wir?

Wenn unser Herz einmal den einzigartigen Namen findet, mit dem wir Jesus Christus ganz persönlich anreden können, dann öffnet sich ein wunderbares Tor, durch das Gott aus den Weiten der Himmel in unsere Nähe tritt. Wenn das einmal geschieht, kann unser Herz die wahre Anwesenheit Jesu erspüren und unsere Seele hat einen Freund gewonnen, der nicht nur hört, sondern auch leise Antwort gibt.

22. SONNTAG IM JAHRESKREIS

Du hast mich betört, o Herr, und ich ließ mich betören; du hast mich gepackt und überwältigt. Zum Gespött bin ich geworden den ganzen Tag, ein jeder verhöhnt mich. (Jer 20,7)

Ich war satt und zufrieden wie ein gestillter Säugling,
ich genügte mir selbst und begehrte nichts weiter.
Aber dann erschienst DU in meinem Leben
und brachtest die fest gefügte Ordnung durcheinander.

Du legtest mir deinen Weg vor die Füße.
An seinem Ende stand ein Kreuz,
schwarz und bedrohlich vor strahlendem Hintergrund,
und geheimnisvolles Licht zog mich unwiderstehlich an.

Ich ließ mich betören und setzte meinen Fuß auf den Weg,
danach geriet alles um mich herum in Aufruhr.
Die sich vorher noch Freunde genannt hatten,
fielen lachend über mich her und verspotteten mich.

Der Weg gefiel mir nicht und ich wandte mich ab,
so gewann ich den Beifall und das süße Leben zurück.
Meinen Weg aber hatte ich verloren und mein Herz brannte aus.
Nichts ergab einen Sinn und ich konnte es nicht aushalten.

Nach einer Zeit ließ mich der Herr das Licht wieder sehen
und meinen Fuß den Weg wieder finden.
Ich lief auf das Kreuz zu und verlor das Leben,
das ich bisher gekannt hatte.

Seitdem ist himmlische Freude in meiner Seele
und göttliche Kraft in meinem Herzen.
Mein Fleisch und mein Blut gehören der Erde,
doch der Weg meines Lebens führt über sie hinaus.

23. Sonntag im Jahreskreis

Hört dein Bruder aber auch auf die Gemeinde nicht,
dann sei er für dich wie ein Heide oder ein Zöllner. (Mt 18,17b)

Ich triumphierte und sagte: Herr, sieh doch selbst,
sieh den Menschen an, der mein Bruder ist!
Ich habe zu seiner Rettung alles versucht,
doch auf niemanden hat er gehört!
Endlich kann ich mich lösen von diesem Menschen
und er ist für mich wie ein Heide, ein Zöllner!

Dein Triumph befremdet mich sehr, sprach der Heiland.
Ich bin doch auch der Bruder deines Bruders!
Warum bist du so froh, dass er auf niemanden hört?
Du willst seinen Sturz, mir aber liegt seine Rettung am Herzen!
Nichts ist entschieden, solange der Mensch lebt,
und vergiss nicht die Gnade, derer du selbst bedarfst!

Mein Herz errötete vor Scham und ich sagte: Herr,
erbarme dich unser beider, die wir Geschwister sind.
Mit meinem Bruder kann ich wirklich nicht reden,
denn ich bin wohl geradeso ein Heide, ein Zöllner wie er.
Unsere letzte Hoffnung bist du und ich bitte dich, Herr,
segne den Heiden und den Zöllner – ihn und auch mich!

24. Sonntag im Jahreskreis

*Vergib deinem Nächsten das Unrecht, dann werden dir, wenn du
betest, auch deine Sünden vergeben.* (Sir 28,2)

Ein Zeichen des Friedens und der Versöhnung

Verwandte, Freunde, Nachbarn, in Wohlwollen einander zugetan,
reichen einander die Hand – warum nicht?
Friede sei mit dir.

Menschen, die einander nicht kennen, weder lieben noch hassen,
Frieden unter ihnen – warum nicht? Sie reichen einander die Hand:
Friede sei mit dir.

Brüder und Schwestern, Freunde und Feinde, die Böses getan,
Frieden unter Feinden – was für ein Ansinnen!
Hände werden zurückgezogen.

Ein Zeichen des Friedens und der Versöhnung

Leicht, dem geliebten Menschen die Hand zu reichen.
Ebenso leicht, dem unbekannten Menschen Frieden zu bieten.
Aber was ist mit den feindlichen Brüdern und Schwestern?

Jesus der Christus ist aller Menschen Bruder,
im heiligen Mahl mit allen Schwestern und Brüdern verbunden,
göttlicher Bruder aller Freunde und Feinde gleichermaßen!

Unfriedlicher Händedruck, ist es Heuchelei oder Friedenswunsch?
Handreichung unter Freund wie Feind kann ein Zeichen sein:
Friede ist nicht, aber Friede sei – es ist ein Anfang!

Ein Zeichen des Friedens und der Versöhnung

Es reichen einander die Hände
Verwandte, Freunde, Nachbarn, Bekannte und Unbekannte
Freunde, Feinde, Christen:

Friede soll sein.

25. Sonntag im Jahreskreis

Als dann die ersten an der Reihe waren, glaubten sie, mehr zu bekommen. Aber auch sie erhielten nur einen Denar. (Mt 20,10)

Ein Denar – was ist das?
Lohn für die Knochenarbeit eines Tages.
Lebensunterhalt für einen ganzen Tag.
Im Gleichnis Jesu: Eintritt zum Himmelreich.

Wir halten uns für die Arbeiter der ersten Stunde,
verausgaben uns ein Leben lang.
Unser Lohn ist ein Denar,
Eintritt zum Himmelreich.

Menschen stehen auf Marktplätzen herum,
arbeitslos, ausgestoßen, unerwünscht.
Berufen auch noch im allerletzten Augenblick.
Ein Denar – Eintritt zum Himmelreich.

Mensch, sei doch nicht neidisch, sondern froh!
Dieses Gleichnis hat ein gutes Ende:
Die Güte Gottes als die schönste Art der Gerechtigkeit.
Ein Denar – Eintritt zum Himmelreich für jeden von uns!

26. Sonntag im Jahreskreis

Mein Sohn, geh und arbeite
heute im Weinberg! (Mt 21,28)

Vater, vergib den Trotz.
„Ich will nicht!", rief ich,
aber meine Seele fiel in ein sinnfernes Dunkel.
Es reut mich, Vater,
vergib mir und nimm mich wieder an.

Vater, vergib die Heuchelei.
„Ja, Herr!", rief ich voll des Eifers,
aber ich kümmerte mich nicht um deinen schönen Weinberg.
Es reut mich, Vater,
vergib mir und schenke mir Einsicht.

Vater, hab Erbarmen mit mir.
Das Wort deines Sohnes geht mir zu Herzen,
so will ich umkehren und an ihn glauben.
Mit ihm an meiner Seite will ich deinen Willen gehorsam erfüllen.
Vergib mir und lenke mein Herz auf das Himmelreich.

27. Sonntag im Jahreskreis

*Was konnte ich noch für meinen Weinberg tun,das ich nicht für ihn
tat? Warum hoffte ich denn auf süße Trauben? Warum brachte er
nur saure Beeren? (Jes 5,4)*

An jenem Tag sang ich ein Lied,
das Lied vom Weinberg meines Liebsten,
denn die Not war vorbei
und das Angesicht Gottes leuchtete uns.

Es gab eine Zeit,
da lebten wir töricht,
leichtsinnig und gedankenlos
im göttlichen Weinberg Erde.
Fruchtbar war der Boden,
jeder Stein aus dem Weg geräumt
und die Reben von starker Mauer geschützt.
Wir hatten das Paradies,
doch unser Herz war aus Stein
und unsere Beeren sauer.

Da zieht von ferne ein Sturm herauf,
ein heiliger Zorn braut sich zusammen.
Furchterregender Gott,
du schmetterst deinen Eckstein mitten hinein
in den göttlichen Weinberg Erde,
damit er zermalme die schützende Mauer
und unser Herz aus Stein.
Herz aus Fleisch, trink von dem wahren Wein,
er strömt aus der Quelle des Ecksteins,
lebe auf und bring wieder süße Trauben hervor!

Und alle Tage sing ich ein Lied
vom Weinberg meines Liebsten.
Die Not ist vorbei,
denn Gott erscheint in unserem Leben.

28. Sonntag im Jahreskreis

An jenem Tag wird der Herr der Heere auf diesem Berg – dem
Zion – für alle Völker ein Festmahl geben mit den feinsten Speisen,
ein Gelage mit erlesenen Weinen. (Jes 24,6)

Was höre ich?
Bist du es, Vater meines Herzens, der mich ruft?
Mitten im Alltag, da ich arbeiten muss
und keine Zeit habe, von morgens bis abends.

Was sehe ich?
Bist du ein Engel Gottes, Strahlender, der mich einlädt?
Was willst du von mir, ich bin nicht heilig,
nicht auserwählt und nicht groß.

Was fühle ich?
Bist du es, König des Himmels, der mich würdig macht?
Der Jubel deines Festes lockt mich an
und ich öffne meine Hände und folge dir.

Hier bin ich, Vater,
klein und als einer unter vielen,
umkleidet von himmlischer Freude:
Sie ist mein Hochzeitsgewand.

Hier stehe ich an der Hand des Engels,
geblendet vom strahlenden Licht aus dem Festsaal,
umhüllt mit bangem Vertrauen:
Es ist mein Hochzeitsgewand.

Ich wage den ersten Schritt in dein Reich
und aus meinem Gesicht verschwinden die Tränen.
Dank und Frohlocken und Jauchzen:
Sie sind mein Hochzeitsgewand.

29. SONNTAG IM JAHRESKREIS

Darauf sagte er zu ihnen:
So gebt dem Kaiser, was dem Kaiser gehört,
und Gott, was Gott gehört! *(Mt 22,21)*

Spannung zum Zerreißen

Menschen – von Gott erschaffen
aus dem Stoff der Erde
und dem Glanz der Herrlichkeit
zusammengefügt mit Gottes Hand
Leib und Seele – wir

Menschen – von Gott auf die Erde gestellt
gebeugt unter Naturgesetzen und Herrschern
verzehrt von der Sehnsucht nach unvergänglichem Licht
Spannung bis zum Zerreißen
Leib und Seele – wir

Mensch – von Gott gerufen
gib doch der Erde deine Kraft und Stärke – und deinen Staub
und halte immer Ausschau nach den Wundern der Himmel
gehalten in Gottes Hand
mit Leib und Seele

30. SONNTAG IM JAHRESKREIS

Du sollst den Herrn, deinen Gott, lieben; du sollst deinen Nächsten
lieben wie dich selbst. An diesen beiden Geboten hängt das ganze
Gesetz samt den Propheten. (Mt 22,37b; 39b.40)

Gott, mein Nächster und ich,
eingebunden im großen Dreiklang,
begeistert mit ganzem Herzen aus tiefster Seele,
streben zur Harmonie der Vollkommenheit
im Dreiklang der Liebe.

Liebe ich meinen Nächsten nicht,
wird er mich schlagen.
Wenn ich meinen Schöpfer nicht liebe,
verliere ich Heimat und Sinn.
Liebe ich nicht einmal mich selbst,
wie sollte ich Mitmenschen oder Gott lieben können?

Dreiklang der Liebe –
Gott, mein Nächster und ich,
erstrebenswerte Harmonie der Vollkommenheit.

Liebe den Nächsten wie dich selbst
und lerne, dich selbst zu lieben.
Lege den Egoismus ab und dann
liebe dich nicht weniger als den Nächsten.
Die Liebe Gottes schließt alles mit ein,
freu dich von Herzen und liebe ihn wieder!

Heiligste Dreifaltigkeit Gottes
in vollkommener Harmonie,
Vater, Sohn und Heiliger Geist.
Schönste und reinste Form
eines Dreiklangs der Liebe.

31. SONNTAG IM JAHRESKREIS

Und wir, haben wir nicht alle denselben Vater?
Hat nicht der eine Gott uns alle erschaffen? (Mal 2,10)

O mein Gott, König des Himmels,
und meines Herzens,
du hast mich erschaffen,
du bist die Quelle meines Lebens –
vor dir verneige ich mich.

O mein Gott, Vater aller Menschen,
und meines Herzens,
du liebst mich als dein Kind,
du hältst deine Hand über mich –
ich bete dich an.

O mein Gott, Meister deiner Jünger,
und meines Herzens,
du lehrst mich den Weg zur Herrlichkeit,
und deine Anwesenheit verleiht mir Stärke –
ich will auf dich hören.

O mein Gott, Geist der Heiligkeit,
in meinem Herzen
weiß ich, dass ich klein bin vor dir,
doch du führst mich hinauf –
ich will dich, meinen Gott, lieben!

32. Sonntag im Jahreskreis

Während sie noch unterwegs waren, um das Öl zu kaufen, kam der
Bräutigam; die Jungfrauen, die bereit waren, gingen mit ihm in den
Hochzeitssaal, und die Tür wurde zugeschlossen. (Mt 25,10)

Tag und Stunde

Komm, Herr Jesus – marána tha!
Erscheine rechtzeitig,
bevor mein Feuer erlischt.
Ich trage die Lampe durch alle Tage meines Lebens
bis hin zum Fest des großen Königs,
doch ich weiß nicht den Tag und die Stunde.

Komm, Herr Jesus – marána tha!
Tritt ein in mein Leben,
Tag für Tag.
Erinnere mich an das Öl,
das ich immer wieder neu kaufen muss,
denn ich weiß nicht den Tag und die Stunde.

Komm, Herr Jesus – marána tha,
wenn dein Engel für mich die Posaune bläst,
am Tag deiner Wiederkehr.
Meine kleine Flamme brenne dann auf
und ich geh dir entgegen in der bangen Hoffnung,
dass du mich kennst an jenem Tag und zu jener Stunde.

33. Sonntag im Jahreskreis

Nach langer Zeit kehrte der Herr zurück,
um von den Dienern Rechenschaft zu verlangen. (Mt 25,19)

Mein kleines Talent,
Gabe Gottes, des Heiligen Geistes.
Charisma, das kein anderer trägt.
Es macht mich unverwechselbar
und ich danke dir, Gott Heiliger Geist.

Mein kleines Talent,
ich trage es in der Schale meiner Hände;
es ist kostbar und ich will es nicht verderben.
In der rauen Welt könnte es zerstört werden
und ich fürchte mich vor dir, mein gestrenger Herr und Gott.

Mein kleines Talent,
es ist nichts gegen die großen Talente anderer.
Jene nutzen ihre Chance und feiern große Erfolge.
Aber wenn sie alles verlieren,
was geschieht dann mit ihnen, Gott unser Vater?

Mein kleines Talent,
wenn ich es vergrabe, nützt es keinem.
Ich könnte es einsetzen und dabei alles verlieren,
aber – wer weiß das schon?
Hilf mir, Gott Sohn des Vaters, Freund meiner Seele!

Mein kleines Talent,
Gott, schenke mir Mut, alles auf deine Karte zu setzen.
Sohn des Vaters, steh mir bei, wenn Verlust mir droht.
Vater, verzeih mir, wenn es durch meine Schuld geschah.
Segne, Heiliger Geist, all mein Denken und Streben.

DREIFALTIGKEITSSONNTAG

*Die Gnade Jesu Christi, des Herrn, die Liebe Gottes und die
Gemeinschaft des Heiligen Geistes sei mit euch allen. (2 Kor 13,13)*

O Heiligste Dreifaltigkeit Gottes,
wir betrachten kindlichen Sinnes
dein unfassbares Geheimnis.

O drei-einer Gott
Allmächtiger Schöpfer – Wort des Vaters – Odem des Lebens
wir blicken auf, wir staunen, wir beten an.

O dreifache Harmonie deiner Schöpfung
Himmel – Erde – Sturmesbrausen
wir leben, wir atmen, wir tragen mit.

O Dreiklang göttlicher Liebe
Vater – Menschensohn – Befreier
Sklaven waren wir, neugeboren sind wir und Kinder Gottes.

O All umfassender drei-einiger Gott
Ich-Bin-Da – Licht der Welt – Geist der Wahrheit
wir glauben, wir hoffen, wir lieben.

O dreifaltige Krönung unseres Weges
Ausrichter des Hochzeitsmahls – Brot vom Himmel – Fülle des Seins
wir suchen, wir wandern, wir betreten den Königsweg.

O Heiligste Dreifaltigkeit Gottes,
wir betrachten kindlichen Sinnes
dein unfassbares Geheimnis.

FRONLEICHNAM

Ich bin das lebendige Brot, das vom Himmel herabgekommen ist.
Wer von diesem Brot isst, wird in Ewigkeit leben. (Joh 6,51)

Wovon lebst du, Mensch,
wenn deine Tage grau sind?
Wie willst du weitermachen,
wenn du dich fragst: wozu das alles?

Mensch, komm und iss,
koste von dem Brot, das lebendig ist!
Es ist der Herr selbst, der dir die Augen des Herzens öffnet
und du erkennst den Himmel, der über dir strahlt.

Wovon lebst du, Mensch,
wenn du satt bist?
Willst du nur so dahinvegetieren,
da du dir einredest: Es geht ewig so weiter?

Mensch, komm und iss,
koste von dem Brot, das dich auferwecken kann!
Nimm den lebendigen Herrn in dein Herz auf
und du erfährst das wahre Sein, das dir bestimmt ist.

Wovon lebst du, Mensch,
wenn deine Tage glücklich sind?
Wonach willst du streben,
wenn du dir sagst: Ich hab doch schon alles!

Mensch, komm und iss,
koste von dem Brot, das lebendig macht!
Es ist der Herr selbst, der dir die Augen des Herzens öffnet,
und du erkennst die Herrlichkeit, die noch vor dir liegt.

HOCHFEST DES HEILIGSTEN HERZENS JESU

Nehmt mein Joch auf euch und lernt von mir;
denn ich bin gütig und von Herzen demütig;
so werdet ihr Ruhe finden für eure Seele. (Mt 11,29)

Jesus, du bist das Wort,
das der himmlische Vater
seit alters her spricht,
um uns Menschen
mit dem Geist göttlicher Liebe
zu umwerben.

Jesus, dein Herz
ist wie eine Schatzkammer.
Ihre Flügeltüren stehen weit offen,
ihr Licht strahlt in die Welt hinaus
und wir kommen und treten ein
in den Schrein göttlicher Liebe.

Jesus, die Liebe Gottes
hat uns in dein Herz gezogen.
Hier finden wir die Quelle des Lebens,
lebendiges Wasser und Herzblut,
heilige Speise und kostbaren Trank
und endlich Ruhe für unsere Seele.

Jesus, dein Joch ist leicht,
denn nicht unsere eigene Kraft,
sondern der Geist der Liebe Gottes
öffnet uns deines Herzens Schrein.
Bei dir endlich können wir aufatmen,
im Herzen klein wie ein Kind.

CHRISTKÖNIGSSONNTAG

Dann wird der König denen auf der rechten Seite sagen:
Kommt her, die ihr von meinem Vater gesegnet seid,
nehmt das Reich in Besitz. (Mt 25,34)

Herr Jesus Christus, König in Herrlichkeit,
dein Wort vom Weltgericht der Endzeit führt uns die vielen Kleinen
und Geringen vor Augen, deren Not wir nicht gewendet haben. Unsere Taten weisen uns auf deine linke Seite.
Christus König, erbarme dich!

Herr Jesus Christus, König in Herrlichkeit,
was die Hungrigen und Obdachlosen, Nackten, Kranken und Gefangenen durch uns ertragen, das erleidest auch du. Wir verdienen
deinen Fluch: „Weg von mir, in das ewige Feuer!"
Christus König, erbarme dich!

Herr Jesus Christus, König in Herrlichkeit,
auch wir waren schon hungrig oder krank oder gefangen und haben
Erniedrigung erfahren. Da hast du auch mit uns gelitten. Wecke in
uns den Wunsch, die Leiden zu lindern.
Christus König, erbarme dich!

Herr Jesus Christus, König in Herrlichkeit,
wir möchten so gern bei Anbruch der Endzeit zu deiner Rechten
stehen. Es ist noch nicht zu spät. Steh uns zur Seite, damit wir uns
der Kleinen und Geringen annehmen können.
Christus König, erbarme dich!

Herr Jesus Christus, König in Herrlichkeit,
deine Zusage, Freud und Leid mit allen Kindern Gottes zu tragen,
schenkt jedem Menschen Anteil an deiner königlichen Würde. Lenke
unseren Weg am Ende zu den Gesegneten deines Vaters.
Christus König, erbarme dich!

LESEJAHR B

1. Adventssonntag

Dann wird man den Menschensohn mit großer Macht
und Herrlichkeit auf den Wolken kommen sehen. (Mk 13,16)

Advent, Advent. Ich warte freudig auf die Ankunft des Erlösers. *Ma"rana*
tha – komm, o Herr! Bald wird das Christkind unsere Häuser erfreuen.
Es ist noch viel zu tun.

Die Tage des späten Herbstes sind kurz und trüb. Geschäftig laufe ich
durch Haus und Straßen. *Marána tha* – komm, o Herr! Ich sehe die
Sonne fahl am Himmel stehen und plötzlich fällt mir ein beunruhi-
gendes Schriftwort ein:

> *In jenen Tagen wird sich die Sonne verfinstern*
> *und der Mond wird nicht mehr scheinen;*
> *die Sterne werden vom Himmel fallen*
> *und die Kräfte des Himmels werden erschüttert werden.*

Schaudernd blicke ich zum Himmel auf. Erscheint dort schon der Menschensohn auf den Wolken des Himmels? Jetzt und hier und mitten
im pulsierenden Leben? *Marána tha* – Advent, Advent. Als ich an dein
Kommen dachte, meinte ich doch nicht den Schall der Posaunen!

Mit diesem Zeichen hast du, o Herr, mich wachgerüttelt. Es war noch
nicht jene Stunde, die allein der Vater kennt. Es war nur die fahle
Sonne am herbstlichen Himmel. Jetzt warte ich mit neuem Geist auf
die Ankunft des Herrn. Wachsam will ich sein und mich freuen über
einen neuen Anfang – mitten im Leben.

Advent, Advent – *Marána tha*!

2. ADVENTSSONNTAG

Tröstet, tröstet mein Volk, spricht euer Gott. (Jes 40,1)

Tröste mich, tröste mich in meinem Elend.
Wo immer du dich verbirgst, zeige dich endlich.
Wenn du wirklich Gott bist, warum quälst du mich?

Du hast mich in die Verbannung gestürzt –
aber wo bleibt nun dein Trost, o mein Gott?
Ich erfahre Sinnferne und bittere Verlorenheit.

Unsicher wankt mein Fuß auf verkrümmtem Weg.
Vor meinen Augen dräut unzugängliches Gebirge
und der Freudenbote hält sich vor mir verborgen.

O mein Gott, wenn doch alles wahr wäre!
Dein starker Arm, deine hocherhobene Hand –
wann führst du mich endlich herauf ans Licht?

Ich will deine Herrlichkeit aufstrahlen sehen,
hier und jetzt und mit sterblichen Augen,
da ich doch getauft bin mit deinem Heiligen Geist!

3. ADVENTSSONNTAG

Meine Seele soll jubeln über meinen Gott.
Denn er kleidet mich in Gewänder des Heils. (Jes 61,10bc)

Wach auf, denn die Freude ist nah,
schon strahlt aus der Ferne ein Licht auf
und du hörst die Stimme, die in der Wüste ruft:
Es ist nicht zu spät, dein Leben zu ändern.
Ebne den Weg und bereite dein Herz,
damit die Ankunft des Herrn dich erfreut.

Wach auf und lass dich berühren,
wenn der Herr seinen Geist auf dich legt.
Wirf die Fesseln der alten Gewohnheiten ab
und wage ein rechtschaffenes Leben in Freiheit.
Trage mit Freude die Gewänder des Heils
und geh dem Herrn mit Jubel entgegen.

Wach auf und öffne deines Herzens Tür,
damit der Herr in dein Leben einziehen kann.
Dann geht das Licht der Welt in dir auf,
die Liebe Gottes strahlt aus deinen Augen
und deine Hände verbreiten seinen Segen.
Dann herrscht Freude für lange Zeit.

4. ADVENTSSONNTAG

Ehre sei dem, der die Macht hat,
euch Kraft zu geben. (Röm 16,25)

An einem Tag wie allen anderen
verweilt Maria in ihrer Kammer.
Sie ist jung und sie ist verlobt.
Sie denkt über ihr Leben nach
an der Seite des Mannes,
den sie zu lieben hofft.

An jenem unscheinbaren Tag,
als Maria die Zukunft betrachtet,
macht die Erscheinung des Engels
alle irdischen Pläne zum Windhauch.
Ihr Geist fragt: Wie ist das möglich?
Doch ihr Herz begreift die Größe des Auftrags.

Schnelllebig ist unser Hier und Heute
und wir jagen den flüchtigen Zeiten nach.
Himmelsvisionen sprengen irdische Pläne.
Doch sprechen auch wir unser JA,
so gibt er, der die Macht hat, uns Kraft.
Denn nichts ist unmöglich für Gott!

Hinweis: WEIHNACHTEN – IN DER NACHT: *siehe Lesejahr A (S. 14)*
WEIHNACHTEN – AM TAG: *siehe Lesejahr A (S. 15)*

Fest der hl. Familie

Mein Sohn, wenn dein Vater alt ist, nimm dich seiner an
und beschäme ihn nicht in deiner Vollkraft. (Sir 3,12ab.13c)

Wie gut ist es,
meinen Nächsten nicht zu beschämen.
Wer bin ich, mich einer Kraft zu rühmen,
die ich von meinem Schöpfer empfing
und die keineswegs aus mir selbst stammt.

Wie gut ist es,
den Schwächeren nicht zu beschämen,
denn Gott liebt ihn ebenso wie mich.
Jeder Mensch hat seine eigene Gabe,
auch wenn ich sie vielleicht nicht sehe.

Wie gut ist es,
dass der Schöpfer nicht mich beschämt
in seiner hohen Erhabenheit über mich.
Was bin ich vor seiner Herrlichkeit?
Und doch liebt er mich so, wie ich bin.

Wie gut ist es,
dass Gott auf die Erde hernieder stieg
als ein Kind und ein Mensch so wie ich.
Wie er seine menschlichen Eltern geliebt hat,
wollen auch wir einander in Liebe annehmen.

Hinweis: 2. Sonntag nach Weihnachten: *siehe Lesejahr A (S. 17)*
Erscheinung des Herrn: *siehe Lesejahr A (S. 18)*

Taufe des Herrn

Drei sind es, die Zeugnis ablegen:
der Geist, das Wasser und das Blut. (1 Joh 5,7.8a)

Der Geist stammt vom Himmel. Er ist Gott selbst, der Heilige Geist, unser Beistand, der uns in die Wahrheit einführt. Er ist es, der am Jordan bezeugt, dass Jesus der geliebte Sohn Gottes des Vaters ist, und er wird auch uns, die wir an Jesus Christus glauben, als wahre und geliebte Kinder Gottes bezeugen.

Das Wasser ist eine gute Gabe der Erde. Es stillt den Durst und rettet vor dem Verschmachten. Es erfrischt und belebt und wäscht nicht nur den Körper. Das Wasser der Taufe reinigt von Schuld und nimmt uns in den Leib Christi, die Kirche, auf. In diesem Sakrament wird jedes Kind Gottes selbst zu einer sprudelnden Quelle.

Das Blut in unseren Adern ist ein Gleichnis unserer Vergänglichkeit. Es kehrt zur Erde zurück, wenn wir zur ewigen Heimat aufbrechen, gleich ob es vergossen wird oder mit unserem Leib zu Staub zerfällt. Im Blut beglaubigen wir unser Taufbekenntnis vor der Welt und wir erneuern es mit allen Kindern Gottes, so oft wir können.

1. Fastensonntag

Die Zeit ist erfüllt, das Reich Gottes ist nahe.
Kehrt um und glaubt an das Evangelium. (Mk 1,15)

Die Zeit ist erfüllt.
Das Tor war verschlossen, bis der Sohn Gottes die Unermesslichkeit
der Himmel verließ, um als Menschensohn auf unserer vergänglichen
Erde zu leben. Der Erlöser hat sich unserer Endlichkeit unterworfen,
damit wir durch ihn die Fülle des Lebens erlangen.

Das Reich Gottes ist nahe.
Jesus hat es durch sein Leben als Mensch auf der Erde begründet. Er
hat uns das Wirken des himmlischen Vaters im Wort vorgestellt und
durch seine Taten beglaubigt. Wir Kinder des Vaters sollen je nach
unseren Kräften und Fähigkeiten daran weiterbauen.

Kehrt um.
Durch Fasten und Beten hat sich Jesus darauf vorbereitet, dem Versu-
cher zu widerstehen und seinen Auftrag in der Welt anzutreten. In der
österlichen Bußzeit wollen wir uns nach seinem Beispiel neu besinnen
und unseren Geist auf das wahre Leben ausrichten.

Glaubt an das Evangelium.
Wir glauben daran, dass wir durch Jesu Tod und Auferstehung erlöst
sind, doch wir leben in der Welt und haben den Weg noch vor uns. Jesus
ist das lebendige Brot, das uns die Kraft gibt, diesen Weg zu bewältigen
und das Tor zu finden, das in das Reich des Vaters führt.

2. FASTENSONNTAG

Ist Gott für uns, wer ist dann gegen uns? (Röm 8,31b)

Ich will mein Herz erheben
und die Nähe Gottes suchen,
denn ich wurde erlöst
durch das kostbare Blut,
das sein Sohn für mich
am Kreuz vergossen hat.

Mit Gott auf meiner Seite
stehe ich mit den Füßen auf der Erde,
doch mein Herz verweilt auf dem Berg,
unerreichbar für alle Gegner,
die im Staub der Erde lauern
und Gottes Heil nicht sehen.

Christus aber tritt für mich ein
und zieht mein Herz in sein Licht,
in das strahlende Weiß
der Gemeinschaft mit Gott,
und Auferstehungsfreude
umkleidet mich mit hellem Glanz.

Mit Jesus steige ich wieder hinab
und mein Alltag nimmt seinen Lauf,
aber das Licht brennt in mir weiter,
ich kann es nicht mehr vergessen
und mein Herz erhebe ich so oft ich kann,
um in der Nähe Gottes zu verweilen.

3. Fastensonntag

Wir dagegen verkündigen Christus als den Gekreuzigten: für Juden
ein empörendes Ärgernis, für Heiden eine Torheit, für die Berufenen
aber, Juden wie Griechen, Christus, Gottes Kraft und Gottes
Weisheit. (1 Kor 1,23–24)

Jesus Christus,
Erlöser der Welt,
Heiliger Tempel Gottes,
der sich niederreißen lässt,
um in drei Tagen
wieder aufgerichtet zu werden.
Geheimnisvoller Heilsplan Gottes:
Durch die Hingabe des Gewaltigen
gewinnen wir Schwachen
unerwartete Kraft.
Wer kann die Liebe ermessen?
Der Allmächtige lässt sich überwältigen,
er beugt sich unter den Tod am Kreuz,
damit wir Gottes Gnade gewinnen.
Die Welt hält es für eine Niederlage,
ein empörendes Ärgernis, eine Torheit.
Wir aber glauben daran,
dass wir durch den Tod Christi
das wahre Leben gewinnen.
In seinem Blut werden wir rein,
es ist Gottes Weisheit.
Sein Leib ist Brot für uns,
himmlische Speise und Gottes Kraft.
Keine Kraft, keine Weisheit der Erde
kann dieses Geheimnis übertreffen.

Denn das Törichte an Gott ist weiser als die Menschen, und das
Schwache an Gott ist stärker als die Menschen (1 Kor 1,25)

4. FASTENSONNTAG

Wer an ihn glaubt, wird nicht gerichtet; wer nicht glaubt,
ist schon gerichtet, weil er an den Namen
des einzigen Sohnes Gottes nicht geglaubt hat. (Joh 3,18)

An Christus glauben heißt erkennen,
dass wir Menschen der Erlösung bedürfen.
Wir können den Himmel nicht selbst verdienen,
denn unsere eigene Kraft reicht dazu nicht aus
und die Last unserer Sünden ist zu groß.

Wer an Christus glaubt,
trägt die Sehnsucht nach Erlösung in sich.
Er möchte so gern in das Licht kommen,
doch seine Sünde reißt ihn in die Finsternis,
aus der er sich nicht selbst befreien kann.

Wer nicht an Christus glaubt,
kann das Angebot der Erlösung nicht fassen.
Er ahnt nichts von der befreienden Gnade Gottes
und hofft allein auf seine eigene Kraft.
Christus aber vergießt sein Blut auch für ihn.

Wir glauben, dass wir durch Christus gerettet sind,
weil er am Kreuz sein Leben für uns hingegeben hat.
In seinem Blut hat er unsere Schuld abgewaschen
und uns mit dem himmlischen Vater versöhnt.
Voll Freude leben wir nun in seinem Licht.

5. Fastensonntag

Jetzt ist meine Seele erschüttert.
Was soll ich sagen: Vater, rette mich aus dieser Stunde?
Aber deshalb bin ich in diese Stunde gekommen. (Joh 12,27)

Karfreitag
liegt vor ihm.
Er hat große Angst.
Er ist ein Mensch wie wir,
die Seele erschüttert.
Was für eine Versuchung,
er könnte bitten:
„Vater, rette mich aus dieser Stunde."
Er ist Gottes Sohn,
anders als wir.
Er könnte am Ende
herabsteigen vom Kreuz,
bevor es vollbracht ist,
und den Kelch nicht trinken.
Was aber würde aus uns?
Sein liebendes Herz
lässt es nicht zu.
Er bittet nicht: „Vater, rette mich."
Denn deshalb ist er in diese Stunde gekommen.
Er hält aus,
doch er hat Angst,
die Seele erschüttert.
Auch unsere Seele
wird erschüttert sein.
Wir sind Menschen wie er.
Auch wir kommen in diese Stunde.
Er hält uns den Kelch,
wenn wir ihn trinken.
Welch ein Trost.

PALMSONNTAG

Christus Jesus war Gott gleich,
hielt aber nicht daran fest,
wie Gott zu sein. (Phil 2,6)

O Jesus,
welcher König der Welt könnte dir gleichkommen?
Deine Geburt ist weit edler als jeder menschliche Adel,
denn du bist der Sohn des allerhöchsten Gottes.
Und doch stiegst du zu uns auf die Erde hernieder,
aus der Herrlichkeit der Himmel in unser Fleisch.

O Jesus,
welcher König der Welt könnte dir gleichen?
Du kommst ja nicht, um zu herrschen,
sondern um zu dienen mit sanftmütigem Herzen,
und du sagst, wer groß sein will,
der soll klein und der Diener aller sein.

O Jesus,
unser großer König, dem niemand gleichen kann,
deine Krone trägt Dornen und dein Thron ist das Kreuz.
Du verlangst keine Opfer, denn du gibst dich selbst zum Opfer hin,
und du lässt dich verzehren, damit wir das Leben in Fülle haben.
Mit Ehrfurcht im Herzen verneigen wir uns vor dir.

Hinweis: GRÜNDONNERSTAG: *siehe Lesejahr A (S. 26)*
         KARFREITAG: *siehe Lesejahr A (S. 27)*

FEIER DER OSTERNACHT

Am ersten Tag der Woche kamen sie in aller Frühe zum Grab,
als eben die Sonne aufging. (Mk 16,2)

Die Sonne geht auf.
Ein neuer Tag bricht an.
Es ist die Ostersonne,
die sich über dem leeren Grab erhebt.
Der Herr ist auferstanden.
Er hat den Tod überwunden.
Wir können aufatmen,
denn wir wurden begnadigt.
Im Licht der Ostersonne
bricht neues Leben für uns an.
Der Erlöser ist mitten unter uns
und bricht mit uns das Brot.
Wir feiern Gemeinschaft
mit dem Auferstandenen,
ein Herz und eine Seele
im Mahl der Liebe vereint.
Unter dem Schein der Freudensonne
hat unser Fasten ein Ende.
Der Herr ist auferstanden –
halleluja!

OSTERSONNTAG

Das Grab des Herrn sah ich offen und
Christus von Gottes Glanz umflossen. (Sequenz)

Maria im Garten
eingetaucht in den Glanz
des Auferstandenen
das offene Grab
liegt jetzt hinter ihr
der Lebende ruft sie
bei ihren Namen
und sie begreift ihn
Gottes Glanz umfließt
die beiden Gestalten

Der Auferstandene
und der Mensch
in tiefster Gemeinschaft
die Zeit bleibt stehen
und wächst zur Ewigkeit

Der Leib des Herrn
wird zum bleibenden Anteil
in Marias Leben
ebenso in uns
der Auferstandene
ruft uns beim Namen
wenn wir ihn empfangen

Umflossen vom Glanz
hat Maria begriffen
begreifen auch wir
den Schatz für immer
in unseren Herzen
Rabbuni

2. Sonntag der Osterzeit

Jesus sagte zu ihm: Weil du mich gesehen hast, glaubst du.
Selig sind, die nicht sehen und doch glauben. (Joh 20,29)

Nicht sehen und doch glauben –
Dies klingt bei erster Betrachtung wie eine Zumutung. Etwas zu glauben, ohne zu sehen, bedeutet, es nicht erfassen zu können. Ich soll ein Faktum anerkennen, ohne einen Beweis in Händen zu halten. Es ist unmöglich – es sei denn, ich vollzöge einen Akt des Vertrauens.

Nicht sehen –
Mit meinen Sinnen nehme ich die Welt wahr, das Sonnenlicht, die Pflanzen und Düfte, Menschen, Tiere und Gegenstände, Wind und Wetter. Doch wenn ich mich der Stille überlasse und nach der Wahrheit suche, die mein Leben trägt, dann ist es nicht die Stimme der Welt, die zu mir spricht.

Glauben –
Wenn Gottes Atem mein Herz berührt, verliert die sichtbare Welt die Gewalt über mich. Der Glaube wird mir nicht durch die Augen geschenkt, sondern in meinem Herzen geboren. Das Wesen Gottes erschließt sich in vielen Wahrheiten, die die Beweiskraft der Welt nicht erfassen kann.

Glauben und sehen –
Mein Herr und mein Gott, tritt ein in das Haus meiner Seele, wenn die zweifelhafte Welt mich ins Wanken bringt. Sprich nur ein Wort, damit ich den Mut finde, all meine Hoffnung auf dich zu setzen. In diesem Glauben bete ich, dass du mich die Wunder deiner Gegenwart schauen lässt.

3. Sonntag der Osterzeit

Da erzählten auch sie, was sie unterwegs erlebt und wie sie ihn
erkannt hatten, als er das Brot brach. (Lk 34,35)

Gottesdienst feiern
im Licht der Osterkerze
was kann herrlicher sein
das Brot wurde gebrochen
vor unseren Augen
wir haben dich erkannt
wie dich die Jünger erkannten
als du in ihre Mitte tratst
auch wir sind Zeugen
und wir halten die Versprechen
die wir in der Osternacht
mit Freuden erneuert haben
auch wenn du nicht sichtbar
in unsere Mitte trittst
doch du trittst in unser Herz
Lumen Christi
Feuer der Liebe
wie ein Lanzenstich
der uns mit dir verbindet
unser Herzblut gehört nun dir
unsere Hände und Füße
an die deinen geheftet
voller Hingabe für die Menschen
in denen wir dich erkennen
und deren Bruder du bist
Osterfeuer in unseren Herzen
unauslöschbare Freude
auch wir werden
auferstehen

4. Sonntag der Osterzeit

Er ist der Stein, der von euch Bauleuten verworfen wurde,
der aber zum Eckstein geworden ist. (Apg 4,11)

Gotteskinder –
als heilige Kirche Gottes
und Gemeinde Jesu Christi,
geeint und befähigt durch den Heiligen Geist,
nehmen wir uns der Sorgen und Nöte der Menschen an.
Kirche – das sind wir – zum Einsatz für unsere Welt.

Wir heißen Kinder Gottes –
und wir sind der Leib Christi auf Erden.
Christus Jesus ist unser Haupt,
wir die Glieder und Kinder des einen Vaters,
beschenkt mit den Gaben des Heiligen Geistes.
Kirche – das sind wir – Eckstein unserer Welt.

Wir sind Kinder Gottes –
aus der gemeinsamen Feier der Eucharistie
gehen wir mit Brot gestärkt in die Welt hinaus
mit der Liebe des himmlischen Vaters im Herzen,
geleitet vom Guten Hirten unter dem Beistand des Geistes.
Wir sind Kirche – zum Segen für unsere Welt.

5. Sonntag der Osterzeit

Wenn ihr in mir bleibt und wenn meine Worte in euch bleiben, dann
bittet um alles, was ihr wollt: Ihr werdet es erhalten. (Joh 15,7)

An dem Tag,
als ich endlich begriffen hatte,
dass ich in Wahrheit an Christus glaube,
konnte ich nicht einfach weiterleben wie vorher.
Als mir dieses Licht einmal aufgegangen war,
erschien es anfangs so blendend und hell,
dass ich nichts anderes mehr sehen konnte.

Der Tag,
der mich endlich und wahrhaft begreifen ließ,
dass ich nicht für den Staub der Erde,
sondern für Gottes ewige Herrlichkeit bestimmt bin,
machte mich zu einem glücklichen Menschen.
Meine Rebe verband sich fest mit dem Weinstock
und die Liebe des Vaters machte mein Leben hell.

Seit diesem Tag
bitte ich den Vater um alles, was ich will:
dass ich ein unerschrockenes Bekenntnis ablege
und die Liebe Gottes mit Herz und Hand weiterschenke,
dass meine Rebe mit einer reichen Frucht die Welt erfreue
und ich im Geist für immer mit Gott verbunden bleibe.
Daran glaube ich fest – ich werde es erhalten.

6. Sonntag der Osterzeit

*Die gläubig gewordenen Juden, die mit Petrus gekommen waren,
konnten es nicht fassen, dass auch auf die Heiden die Gabe des
Heiligen Geistes ausgegossen wurde. (Apg 10,45)*

O Heiliger Geist,
du versetzt die Kinder Gottes immer wieder in Staunen. Wenn wir einmal glauben, die Pläne Gottes begriffen zu haben, dann kommst du mit deinem unwiderstehlichen Brausen und setzt dich über alles hinweg.

O Heiliger Geist,
die Werke Gottes sind größer als unser Herz je fassen kann und die göttliche Liebe übersteigt unsere Vorstellungen himmelhoch. Wenn der Vater seine Kinder an sein Herz zieht, dürfen wir uns seinem Plan nicht verweigern.

O Heiliger Geist,
wir verneigen uns vor deinem lichtsprühenden Wirken. Du lehrst uns Vorurteile zu überwinden und die Würde aller Menschen zu achten. Wenn die Liebe des Vaters und des Sohnes unsere Herzen erfüllt, macht dein Feuer unsere Freude vollkommen.

X　CHRISTI HIMMELFAHRT

Er hat ihn, der als Haupt alles überragt, über die Kirche gesetzt.
Sie ist sein Leib und wird von ihm erfüllt,
der das All ganz und gar beherrscht. (Eph 1,22b–23)

Nach den Tagen des Leidens
waren sie endlich wieder vereint,
der Meister und seine Jünger,
und sie feierten Gemeinschaft,
der Auferstandene in ihrer Mitte,
in der Freude des neuen Lebens.

Doch aus dieser Freude gerissen
stehen die Jünger plötzlich ganz allein,
denn der Sohn kehrt zum Vater zurück.
Sein Geist aber öffnet ihnen die Augen.
Er ist das Haupt und sie sind sein Leib,
die heilige Kirche Gottes auf Erden.

In diesem Geist feiern auch wir
Gemeinschaft mit dem Auferstandenen.
Er weilt beim Vater in des Himmels Herrlichkeit
und erfüllt auch unsere Herzen ganz und gar.
Heute sind wir sein Leib, die heilige Kirche,
das Zeichen der Liebe Gottes auf Erden.

7. Sonntag der Osterzeit

Sie sind nicht von der Welt,
wie auch ich nicht von der Welt bin. (Joh 17,16)

Gestorben und auferstanden
das Werk ist vollbracht
der Erlöser
verherrlicht beim Vater
für alle Zeit
wir können nicht folgen
noch nicht
gebunden in Fleisch und Blut
an die Schwerkraft der Erde
unsere Seele jedoch
leicht wie eine Feder im Wind
erlöst
jetzt schon
sie schwingt sich hinauf
trinkt von der Herrlichkeit
und im Fleisch genießen wir
das lebendige Brot
Leib Christi auf Erden
im Geist der Liebe vereint
mit dem Vater und dem Sohn
und als Schwestern und Brüder
nicht von der Welt
aber in der Welt
es ist noch nicht vollbracht
Tod und Auferstehung
liegen noch vor uns
in der Wahrheit geheiligt
steigen wir zum Vater hinauf
o Heiliger Geist
lehre uns begreifen

Hinweis: Pfingsten: *siehe Lesejahr A (S. 37)*

2. Sonntag im Jahreskreis

Hier bin ich, du hast mich gerufen. (1 Sam 3,5b)

Alle Tage, an denen ich lebe
nach den Spielregeln dieser Welt,
sind kraftraubend, öde und leer.
Mit welchem Fleiß auch immer
ich meine Speicher zu füllen vermag,
es bleibt ein sinnloses Auf und Ab,
Nacht und Tag und Nacht,
geboren werden und sterben,
nicht mehr – alles nur Staub und Erde.
Wie wohl mir, Herr, dass du mich riefst,
du hast mich aufgeweckt,
wie aus einem dumpfen Schlaf.

Alle Tage meines Lebens,
an denen ich Christus nachfolge,
sind voller Licht und Leben und Sinn.
Immer wieder wendet er sich mir zu
und sein Blick trifft mich tief ins Herz.
Ich darf mitgehen und schauen
und bei ihm bleiben an jenem Tag.
Dann führt er mich an seinen Tisch
und reicht mir lebendiges Brot zur Speise.
Wie wohl mir, Herr, dass du mich riefst,
denn du wirst mich auferwecken
am Letzten Tag.

3. Sonntag im Jahreskreis

Ich sage euch, Brüder: Die Zeit ist kurz,
denn die Gestalt dieser Welt vergeht. (1 Kor 7,29a.31b)

Was bedeutet alle Zeit dieser Welt gegenüber der allumfassenden Gegenwart, in der wir die Herrlichkeit unseres unverhüllten Gottes schauen dürfen?

Was ist eine kleine irdische Freude gegen die vollkommene Herrlichkeit der Himmel, und was sind die Tränen, die wir auf Erden weinen, vor dem Leid einer ewigen Trennung von Gott?

Die Zeit ist kurz.

Aber für uns Menschen ist es allein die Erdenzeit, in der wir etwas ausrichten können. Wenn die Posaune für uns erschallt, ist es zu spät. Unsere Entscheidung muss fallen, heute noch.

Lassen wir uns von irdischen Sorgen verzehren oder kehren wir um und richten wir unseren Sinn auf das Reich Gottes und die Güter, die für immer Bestand haben?

Die Gestalt dieser Welt vergeht.

Und so wollen wir lieben, als liebten wir nicht – nicht allein nach irdischen Maßstäben, sondern darüber hinaus in der Vorfreude auf die vollkommene Gemeinschaft unter Menschen und mit Gott.

Und die Welt wollen wir nutzen, als nutzten wir sie nicht – nicht nach irdischen Gesetzmäßigkeiten, sondern so, dass sie für alle Zeit, die Menschen auf ihr verbringen, eine wohnliche Heimstätte sei.

4. Sonntag im Jahreskreis

Ich weiß, wer du bist: der Heilige Gottes. (Mk 1,24)

Wie gut ist es, sich einer Sache derart sicher zu sein. Doch der Dämon entlarvt sich selbst. Das Böse in uns ist wie ein starker Widersacher, der sich erhebt und Macht über uns ergreifen will, aber die Stimme der Bosheit spricht sich selbst das Urteil.

Unser Herz spricht eine ebenso unmissverständliche Sprache. Wenn wir in unserer Umgebung auf Gottes Spuren stoßen, sind wir von ihrer Wahrheit betroffen und möchten ihnen gern folgen, wenn auch der Dämon in uns es nicht zulassen will.

Hören wir auf die Stimme unserer Herzen und vertrauen wir auf den Heiligen Gottes. Er ist mächtiger als alle Dämonen und hilft uns, das Böse zu besiegen. Wir haben sein Wort gehört und seine heilige Speise genossen, es wird uns gelingen.

5. Sonntag im Jahreskreis

Ein Zwang liegt auf mir.
Weh mir, wenn ich das Evangelium nicht verkünde! (1 Kor 9,16b)

Wenn es doch auch uns einmal
auf solche Weise ergriffe,
trotz aller Sorgen in der Welt
um die Menschen, die wir lieben,
und um viele andere Dinge.
Hat nicht auch uns das Herz
unermüdlich bei Tag und Nacht
an die Geistesgabe erinnert,
die wir von Gott empfingen?
Der Heilige Geist und unser Herz,
sie kennen den heiligen Auftrag,
der uns anvertraut wurde.
Wir sollten nicht länger zögern
und endlich handeln.

Was ist nun unser Lohn?
Unser Lohn ist nicht sichtbar,
wie auch Gott unsichtbar bleibt
für die Augen der Vergänglichen.
Und doch ist unser Lohn
wertvoller als alle Schätze,
die unsere Erde zu bieten hat,
denn Jesus ergreift unsere Herzen
mit seiner göttlichen Kraft,
eins mit dem Vater im Himmel.
Er fasst uns an der Hand,
wir aber richten uns auf
und erfüllen den Auftrag
zum Segen der Welt.

6. Sonntag im Jahreskreis

Der Aussätzige, der von diesem Übel betroffen ist, soll eingerissene Kleider tragen und das Kopfhaar ungepflegt lassen. *(Lev 13,45)*

Unrein
Weiße Flecken und Unregelmäßigkeiten auf der Haut, eingerissene Kleider und ungepflegtes Kopfhaar – es bedarf nicht nur der in früheren Zeiten unheilbaren Lepra, um Menschen als unberührbar abzustempeln.

Mitleid
Sein gutes Herz treibt Jesus, die Barriere der Unberührbarkeit zu überwinden, und seine göttliche Vollmacht bewirkt die Heilung des Aussätzigen. Er gewinnt nicht nur seine körperliche Gesundheit, sondern auch seine angetastete Menschenwürde zurück.

Unberührbar
Die Berührung mit dem als unrein abgestempelten Menschen macht Jesus selbst zu einem Unberührbaren. Er kann sich in keiner Stadt mehr zeigen und zieht sich in die Einsamkeit zurück. Doch die Zeugen seines Wunders fangen an zu begreifen.

Wunder
Wenn wir so handeln, wie Jesus es tat, können wunderbare Dinge geschehen. Menschen mit eingerissenen Kleidern und wirrem Kopfhaar leben mitten unter uns und doch ausgeschlossen von der menschlichen Gesellschaft. Lassen wir uns berühren!

7. Sonntag im Jahreskreis

*Ja, ich lege einen Weg an durch die Steppe und Straßen
durch die Wüste. (Jes 42,19b)*

Wenn Jesus eines Tages vor unseren Augen erschiene, um was würden wir ihn bitten? Heile unsere Kranken, befreie sie von ihren Gebrechen, lindere die Not der Welt und bewahre unsere Erde vor der Zerstörung durch uns selbst.

Wenn Jesus einen Menschen heilen will, dann ergreift er ihn ganz. Ohne dass der Mensch ihn gebeten hat, vergibt er ihm seine Sünden. Die neu gewonnene Reinheit hebt die Trennung auf und er darf in die befreiende Gemeinschaft mit Gott zurückkehren.

Wenn Jesus uns Menschen mit Gott versöhnt und die Gemeinschaft wieder aufgerichtet ist, gewinnen wir festen Boden unter den Füßen. Die Wüste wird für uns zur festen Straße und Menschenunmögliches wird möglich. Wunder geschehen auch heute noch.

Wir aber sind diesen Wundern näher, als wir denken, denn Jesus ist in diesem Augenblick mitten unter uns. Ist er nicht soeben unter unser Dach eingekehrt? Mit offenem Geist können wir seine Anwesenheit erspüren und die Vollmacht, mit der er sagt: Steh auf und geh!

8. SONNTAG IM JAHRESKREIS

Ich traue dich mir an um den Brautpreis meiner Treue:
Dann wirst du den Herrn erkennen. (Hos 2,22)

Verzeih uns, Herr,
wir kamen in dein Haus
ohne den Schmuck
eines Lächelns im Gesicht,
abgelenkt von all unseren Sorgen
und der Macht der Gewohnheit.

Verzeih uns, Herr,
das Trauern und das Weinen
wurden uns zur zweiten Natur.
Wir fühlen uns niedergedrückt
von der Last unserer Schuld,
obwohl wir Erlöste sind.

Verzeih uns, Herr,
und lass uns erkennen,
dass du uns eingeladen hast,
Bräutigam unserer Herzen,
dass wir an deinem Tisch sitzen
und in Wahrheit ein Fest feiern.

Wenn wir dich erkennen, Herr,
wie du uns liebevoll umwirbst,
dann endlich können wir feiern,
mit neuem Geist im neuen Gewand,
ein Freudenfest mitten im Leben.
Es ist noch nicht zu spät.

9. Sonntag im Jahreskreis

Der Sabbat ist für den Menschen da,
nicht der Mensch für den Sabbat. (Mk 2,27)

Ein Tag der Ruhe
Gott der Vater weiß, was seine Kinder brauchen. Darum hat er uns
den Sabbat geschenkt. Es tut dem Menschen wohl, nach Tagen harter
Arbeit einen Ruhetag einzulegen. Weil Gott die Hartherzigkeit seiner
Geschöpfe kennt, macht er die Sabbatruhe zu einem Gebot.

Ein Tag der Rettung
Der Sinn des Sabbats erschließt sich nicht in der Frage, was ich an
einem Sabbat nicht tun *darf*, sondern durch die Freiheit, eine Arbeit
an diesem Tag nicht tun zu *müssen*. Nahrung zu suchen in der Not
oder einen Kranken zu heilen entheiligt den Sabbat nicht.

Der Tag des Herrn
Wir Christen feiern diesen heiligen Ruhetag am Sonntag. Sich nicht
um Alltägliches kümmern zu müssen, gibt uns Zeit innezuhalten. Mit
ungeteiltem Herzen können wir dem Herrn begegnen und aus dieser
Freude Kraft schöpfen für die Arbeit der nächsten Tage.

Ein Tag des Bekenntnisses
Die Diener des Mammons missachten die Sonntagsruhe, denn nicht
das Wohl der Menschen liegt ihnen am Herzen, sondern das Streben
nach Reichtum und Macht. Darum soll die Welt es sehen, dass für uns
Christen der Sonntag heilig ist.

10. Sonntag im Jahreskreis

Als seine Angehörigen davon hörten, machten sie sich auf den Weg,
um ihn mit Gewalt zurückzuholen; denn sie sagten:
Er ist von Sinnen. (Mk 3,21)

Wenn dein Engel im Himmel
die lichte Herrlichkeit Gottes schaut
und der Wille des himmlischen Vaters
dir mehr bedeutet als Essen und Trinken
und alltägliche Dinge zu tun,
dann werden jene kommen, die von der Welt sind,
und sie sagen zu dir: „Du bist von Sinnen!"

Wenn du dein Herz bereitet hast
und Jesus als lieben Gast willkommen heißt,
wenn dir das lebendige Himmelsbrot
heiliger ist als alle Speisen der Erde,
die nur den Magen füllen,
dann werden jene kommen, die von der Welt sind,
und sie sagen zu dir: „Du bist von Sinnen!"

Jene aber, die von der Welt sind
und den Heiligen Geist nicht ehren,
sie können Gott niemals begreifen,
denn ihr Herz tappt im Dunkel,
vom himmlischen Licht getrennt.

Wenn du aber deinen Geist öffnest
und den Heiligen Geist auf dich herabrufst,
dann erfüllst du mit Freude den Willen des Vaters,
wie ein wahrer Verwandter Jesu,
und du bringst sein Heil zu den Menschen.
Dann werden jene staunen, die von der Welt sind,
und sie sagen zu dir: „Du bist gesegnet!"

11. Sonntag im Jahreskreis

Ich selbst nehme ein Stück vom hohen Wipfel der Zeder und pflanze es ein. Einen zarten Zweig aus den obersten Ästen breche ich ab, ich pflanze ihn auf einen hoch aufragenden Berg. (Ez 17,22)

Mein Glaube sei wie der zarte Zweig jener Zeder, die Gott der Herr an einem guten Ort einpflanzte. Ich will das kleine Pflänzchen hegen und pflegen, damit es nicht verdorrt, und ich empfehle es dem Segen Gottes an, der es wachsen lässt, ohne dass ich weiß, wie es geschieht.

Meine Freude über meinen Schöpfer wachse zum Himmel hinauf wie jene Zeder, die Gott der Herr auf dem Gipfel des hoch aufragenden Berges einsetzte, und wie ihre Zweige breite ich meine Arme aus und mein Danklied soll sein wie der Gesang aller Vögel des Himmels.

Mein Herz sei wie der Acker, auf dem Gott der Herr seinen Samen aussät. Ich möchte meinen Boden bereiten für die Frucht des Reiches Gottes. Sie soll in mir aufgehen bis das volle Korn erscheint, damit mein Herz gesättigt werde mit lebendigem Himmelsbrot.

Mein Glaube sei wie das kleinste Samenkorn des Reiches Gottes und so sollen sie gleichermaßen aufwachsen und stark werden. Und wie die Zweige ihren Schatten spenden, will auch ich meine Arme öffnen und die Früchte meiner Kraft dem Herrn der Ernte anvertrauen.

12. SONNTAG IM JAHRESKREIS

Bis hierher darfst du und nicht weiter,
hier muss sich legen deiner Wogen Stolz. (Ijob 38,11)

Nächtliche Angst.
Der See ist aufgewühlt
im brüllenden Sturm.
Stolze Wogen türmen sich
hoch über unserem Bug
in der Schwärze der Nacht.
Wie schreckliche Ungeheuer
wachsen sie aus dem Nichts empor,
um sogleich über uns herzufallen.
Warum schläfst du, Herr?

Überlebensangst.
Die Stürme der Welt
erschrecken uns ebenso.
Wir fühlen uns bedroht
von den Kräften der Natur
oder unseren eigenen Brüdern.
Gefahr lauert überall
und die Angst vor dem Untergang
erschüttert unser Leben.
Warum schläfst du, Herr?

Warum haben wir solche Angst?
Jesus ist doch mit uns im Boot.
Er weiß, wann er aufstehen muss,
um den Gewalten zu drohen,
damit wir errettet werden.
Wenn aber unsere Reise endet,
überschreiten wir die Grenze nicht allein.
Jesus geht mit uns durch den Tod
damit wir durch ihn das Leben finden.

13. Sonntag im Jahreskreis

Im selben Augenblick fühlte Jesus,
dass eine Kraft von ihm ausströmte. (Mk 5,30a)

Zwölf Jahre warten
auf ein Wunder ist eine lange Zeit. Für das junge Mädchen ist es die
ganze Lebensspanne seiner Kindheit, die mit Krankheit und Tod endet,
gerade als sie an der Schwelle steht, zur Frau heranzureifen. Für die
blutflüssige Frau ist es eine Lebensspanne der Unreinheit, was für sie
so viel bedeutet, wie lebendig tot zu sein.

Wie ein gewaltiger Fluss
ist die wundertätige Kraft, die von Jesus ausströmt. Er lässt sich von
den Leiden der Menschen anrühren und kommt ihrer Sehnsucht nach
Heilung entgegen. Nicht nur die Frau findet ins Leben zurück, auch
das Mädchen lebt auf und wird wieder gesund. Das kostbarste Gut,
das Jesus verströmt, ist sein Blut zur Rettung der Vielen.

Das Liebeswerk Jesu
soll durch uns weitergeführt werden. Wir haben unsere Gemeinschaft
mit ihm erneuert durch die heilige Kommunion, die wir gemeinsam
empfangen haben, und nun hoffen wir, dass er seine heilende Kraft in
uns fließen lässt. So wie Jesus sich von den Menschen berühren ließ,
um sie zu heilen, wollen auch wir in Liebe an ihnen handeln.

14. Sonntag im Jahreskreis

Ob sie dann hören oder nicht – sie sind ein widerspenstiges Volk –,
sie werden erkennen müssen, dass mitten unter ihnen
ein Prophet war. (Ez 2,5)

Wir –
Geschöpfe Gottes,
mit der Gabe der Freiheit beschenkt.
Alles hängt von uns ab,
ob wir hören oder nicht hören,
uns vom Geist erfassen lassen oder ihn ablehnen.
Genügen wir uns selbst oder ist Gottes Gnade genug?
Sind wir widerspenstig oder willig und in der Ohnmacht stark?
Ohne die Sehnsucht nach Heil in unseren Herzen
kann kein Wunder geschehen,
denn Gott zwingt seine Geschöpfe nicht.

Erkennen wir aber, dass es Gott ist, wenn er uns begegnet?
Wenn Christus uns vom Altar mit den Augen des Priesters anblickt,
er uns sogar in den Gaben von Brot und Wein erscheint,
ist unser Herz weit offen für das Wunder der Begegnung mit Gott.
Wir feiern Gemeinschaft mit seinem Wort im Fleisch
und im Geist nehmen wir sein Geheimnis an.

Doch was geschieht, wenn Gott uns anrührt
in der Person des Nachbarn,
durch ein Wort des Bruders, dem wir lieber aus dem Weg gehen,
oder mit der aufgehaltenen Hand des zerlumpten Bettlers?
Lassen wir uns von ihnen ansprechen und herausrufen?

Gottes Heil nimmt seinen Lauf.
Ob es mit uns geschieht oder ohne uns,
das hängt von uns selbst ab,
mit der Gabe der Freiheit beschenkt.
Geschöpfe Gottes –
wir.

15. Sonntag im Jahreskreis

Ich bin kein Prophet und kein Prophetenschüler, sondern ich bin ein
Viehzüchter, und ich ziehe Maulbeerfeigen. Aber der Herr hat mich
von meiner Herde weggeholt und zu mir gesagt: Geh und rede als
Prophet zu meinem Volk Israel! (Am 7,14–15)

Kein Mensch ist ein Prophet
aus sich selbst heraus.
Es gibt keine Ausbildung
und keinerlei Voraussetzung,
nicht einmal dein eigener Wunsch
macht dich zu einem Propheten.

Wenn Gott dein Herz ergreift,
sei nur getrost, du wirst es spüren,
denn der Geist lässt dich erkennen,
dass das Wort Gottes in dir lebt.
Es ist die Gemeinschaft mit Jesus,
die dich zum Apostel macht.

Hast du die Wahrheit Gottes erkannt,
dann gibt es für dich kein Zurück,
denn nun bist du wirklich ein Prophet
und du brauchst nichts weiter
als einen Wanderstab auf dem Weg,
der zu den Menschen führt.

Fürchte kein Unheil,
denn der Herr gibt dir Vollmacht
und der Geist das rechte Wort.
Die Gemeinschaft mit Christus ist deine Kraft
und sein Heil wirkt durch deine Hand.
Die Menschen können aufatmen.

16. Sonntag im Jahreskreis

Sie fuhren also mit dem Boot in eine einsame Gegend,
um allein zu sein. (Mk 6,32)

Zeit der Stille
im Boot mit Jesus
ein einsamer Ort
rundum nur Wasser
unerreichbar
für die Welt

Erholung
ruht ein wenig aus
sagt Jesus
ihr seid völlig erschöpft
an Leib und Seele
kommt an mein Herz
in einem Boot
mit mir

Einkehr
Gemeinschaft
der Herzen
ein Geist
der Vater im Sohn
der Sohn in uns
ein Leib
für alle Zeit

neue Kraft
erholt
aufgebaut
die nächste Aufgabe
wartet
wir sind
bereit

17. Sonntag im Jahreskreis

Denn so spricht der Herr:
Man wird essen und noch übrig lassen. (2 Kön 4,43b)

Das Brot ist eine Gabe Gottes.
Es dient uns zur Nahrung und hält uns am Leben. Das Brot stillt unseren Hunger und gibt unseren Händen Kraft. Aber der Mensch lebt nicht vom Brot allein.

Das Brot ist mehr als nur Nahrung.
Das Korn fällt in die Erde und geht auf. Die Erde bringt von selbst ihre Frucht, und der Mensch weiß nicht wie. Wenn wir Brot essen, danken wir Gott als dem Spender aller guten Gaben.

Die wunderbare Brotvermehrung ist ein großes Zeichen.
Schon bevor Jesus die Jünger nach dem Brot fragt, weiß er, was er tun will. Mit dem Wunder will er das Streben der Menschen von der verderblichen auf die himmlische Nahrung lenken.

Das Himmelsbrot schenkt sich im Überfluss.
Nachdem die vielen Menschen gesättigt waren, blieb so viel übrig, dass zwölf Körbe damit gefüllt wurden. Jesus will damit auf die verschwenderische Fülle des Himmels hinweisen.

Wir empfangen das Brot, das lebendig macht.
Mit Freude sind wir der Einladung zum Tisch des Herrn gefolgt und Jesus hat unsere Herzen gesättigt. Diese heilige Gemeinschaft mache uns selbst zum wunderbaren Brot für die Eine Welt.

18. Sonntag im Jahreskreis

Müht euch nicht ab für die Speise, die verdirbt,
sondern für die Speise, die für das ewige Leben bleibt
und die der Menschensohn euch geben wird. (Joh 6,27)

Das Brot, das eine Frucht der Erde ist,
schenkt dem irdischen Leib seine Kraft.
Danach kehrt es wieder zur Erde zurück,
so wie auch der Leib, den das Brot genährt,
am Ende zur Erde zurückkehren wird.

Das Brot, das Gott im Wunder schenkt,
kann den Hunger des Leibes stillen,
doch sowohl das Manna in der Wüste,
als auch das Brot für die Fünftausend,
macht am Ende den Leib wieder hungrig.

Das Brot, für das wir uns abmühen sollen,
hält unseren Leib nicht für immer am Leben,
doch es schenkt uns Gemeinschaft mit Gott
und richtet unsere Herzen zum Himmel.
Es macht uns zu neuen Menschen.

Das Brot vom Himmel ist köstlich,
besser als Manna oder Brot für Tausende.
Es stillt den Hunger nach wahrem Leben
und führt unsere Seele zum Vater,
wenn der Leib zur Erde zurückkehrt.

19. SONNTAG IM JAHRESKREIS

Niemand kann zu mir kommen, wenn nicht der Vater,
der mich gesandt hat, ihn zu mir führt;
und ich werde ihn auferwecken am Letzten Tag. (Joh 6,44)

Es war schwer zu verstehen
für die Menschen seiner Zeit,
dass Jesus zu ihnen sagte:
„Ich bin vom Himmel herabgekommen."
Denn sie hielten ihn für einen Menschen,
den Sohn von Maria und Josef aus Nazaret.

Es ist schwer zu verstehen,
dass die Menschen seiner Zeit,
die das Brotwunder gesehen haben,
den Sinn dieses Zeichens nicht erfassen:
dass Jesus vom Vater ausgegangen ist
und sich als Mensch für sie hingibt.

Jesus, du bist das Brot des Lebens.
Du bist vom Himmel herabgekommen.
Dieses lebendige Brot ist dein Fleisch.
Wir dürfen davon essen und leben.

Auch unser Geist versteht es nicht ganz,
doch wer glaubt, wird das Leben haben.
Bitte du den Vater im Himmel für uns,
so wird er unsere Herzen zu dir führen.
An deinem Tisch empfangen wir das lebendige Brot
und du wirst uns auferwecken am Letzten Tag.

20. SONNTAG IM JAHRESKREIS

Denn mein Fleisch ist wirklich eine Speise,
und mein Blut ist wirklich ein Trank. (Joh 6,55)

Jesus, deine Speise ist es,
den Willen des Vaters zu tun.
Unsere Speise aber bist du:
Brot, das vom Himmel herabkommt,
nicht für den Körper, der zerfällt,
sondern für den wahren Menschen,
der sich aus dem Staub erhebt.

Dein Fleisch ist wirkliche Speise
und dein Blut wirklicher Trank,
Himmelsbrot und wahrer Weinstock.
Brot, das wir gemeinsam essen,
und Wein, den wir mit Freude genießen,
sie bereiten dir unser Herz
und schenken uns ewiges Leben.

Jesus, du lädst uns an deinen Tisch.
Wir empfangen dein Fleisch und dein Blut
in den Gestalten von Brot und Wein.
Auf diese Weise werden wir selbst gewandelt
und erscheinen als dein Leib auf Erden,
als heilige Gemeinde und Kirche Gottes
zum Heil und für das Leben der Welt.

21. Sonntag im Jahreskreis

Das Volk antwortete:
Das sei uns fern, dass wir den Herrn verlassen
und anderen Göttern dienen. (Jos 24,16)

Es gibt viele tiefe Geheimnisse unseres Glaubens, die unerträglich klingen, die wir kaum anhören können. Sind wir uns dessen bewusst oder sind uns die schockierenden Geheimnisse des Glaubens zu sehr vertraut, dass wir sie heute kaum als aufrüttelnd empfinden?

Die Menschen, die Jesus zuhören, fragen empört: „Wie kann er uns sein Fleisch zu essen geben?" Ist dies nicht eine berechtigte Frage? Menschen, die nur aus Fleisch und Blut sind, handeln logisch, wenn sie sich auf solch ein Wort hin zurückziehen.

Könnten auch wir fortgehen, wenn uns Jesu Worte von Hingabe und Kreuz und Tod zu sehr schockieren? Haben wir, die wir an den Herrn glauben, eine Alternative? Kann die Welt mit ihren Errungenschaften und Verlockungen Worte des ewigen Lebens zu uns sprechen?

Solange wir leben, können wir die Geheimnisse des Glaubens nie ganz ergründen. Doch das sei uns fern, dass wir den Herrn verlassen! Wir folgen dem Ruf und versammeln uns an seinem Tisch und hoffen auf die vollkommene Gemeinschaft des ewigen Lebens.

22. Sonntag im Jahreskreis

Hört das Wort nicht nur an, sondern handelt danach;
sonst betrügt ihr euch selbst. (Jak 1,22)

Reine Hände –
was sie ergreifen, bleibt ebenso rein,
auch der Körper wird sauber gehalten
und seine Umgebung bleibt frei von Schmutz.
Menschen mit reinen Händen
essen und trinken aus reinen Gefäßen,
doch Gott allein weiß,
ob ihr Herz ebenso rein ist.

Ungewaschene Hände –
sie verunreinigen den ganzen Körper,
nicht nur äußerlich, sondern auch von innen,
und sie können Krankheit verursachen.
Oft leben die Ärmsten der Armen im Schmutz
und viele Menschen rümpfen die Nase,
doch Gott allein weiß,
wie ihr Herz beschaffen ist.

Auf das Herz kommt es an –
aus eigener Kraft können wir es nicht rein erhalten
und es ist eine Brutstätte von bösen Gedanken.
Nehmen wir uns aber das Wort des Herrn zu Herzen,
dann wird es rein durch seine heilende Gegenwart
und wir begreifen den Sinn des göttlichen Gesetzes.
Wenn Christus uns von innen her rein macht,
können endlich auch gute Taten aus uns hervorgehen.

23. Sonntag im Jahreskreis

Sagt den Verzagten: Habt Mut, fürchtet euch nicht!
Seht, hier ist euer Gott! (Jes 35,4a)

Effata
Öffne dich
Richte dich wieder auf
Gott ist da
Öffne die Augen
Hebe den Blick
Aus der Finsternis in das Licht
Gott ist da
Öffne die Ohren
Höre sein Wort
Effata
Er berührt dich
Öffne dein Herz
Lass ihn eintreten
Iss und trink
Lebendiges Brot
Und sprudelnde Quelle
Spring auf
Wirf die Fesseln ab
Hilf den Mitmenschen
Speise die Hungrigen
Tu deinen Mund auf
Effata
Werde du selbst
Eine sprudelnde Quelle
Rede
Jauchze
Er hat alles gut gemacht
Gott ist da

24. Sonntag im Jahreskreis

Ich hielt meinen Rücken denen hin, die mich schlugen, und denen,
die mir den Bart ausrissen, meine Wangen. Mein Gesicht verbarg ich
nicht vor Schmähungen und Speichel. (Jes 50,6)

Jesus – der Eckstein
Viele Menschen werden aufmerksam
und sie fragen sich, wer kann das sein?
Johannes, Elija, ein alter Prophet?
Sie kennen wohl seinen Namen,
doch seinen Auftrag sehen sie nicht.

Jesus – der Messias
Von den Jüngern ist Petrus der erste,
der seinen Meister als Messias erkennt,
doch die Ankündigung von Leiden und Tod
übersteigt sein Vorstellungsvermögen.
Er schaut noch nicht das Licht der Auferstehung.

Jesus – der Gottesknecht
Der Weg der Erlösung führt über das Leiden
nach dem Willen des himmlischen Vaters.
Er muss Kreuz und Tod auf sich nehmen,
Schande und Schmähung der Welt ertragen,
damit die Welt durch ihn gerettet wird.

Jesus fragt – wer bin ich für dich?
Wenn du im Herzen die Antwort gefunden hast,
ist dir das Leben in der Welt nicht mehr genug.
Nun isst du von dem Brot, das wahres Leben schenkt,
und dein Kreuz kannst du tragen in der Hoffnung,
dass du mit Jesus auferstehen wirst.

25. SONNTAG IM JAHRESKREIS

Wer ein solches Kind um meinetwillen aufnimmt, der nimmt mich
auf; wer aber mich aufnimmt, der nimmt nicht nur mich auf,
sondern den, der mich gesandt hat. (Mk 9,37)

In der Mitte steht ein Kind,
Jesus nimmt es in seine Arme.
Einst war er selbst ein Kind,
für uns hineingeboren in diese Welt,
arm und schutzlos und klein,
doch im Arm seiner Eltern geborgen.

Im Herzen ein Kind,
so schauen wir zu Christus auf.
Keiner ist größer als der andere
und der eine ist für den anderen da.
So versuchen wir, seinem Weg zu folgen,
auch wenn er uns durch Drangsal führt.

Das Kind unter unserem Dach –
Nehmen wir Jesus in unsere Herzen auf,
kommt auch der Vater und wohnt bei uns.
Und wenn unsere Hände auch leer sind,
wird unser Reichtum alles übertreffen,
was die Erde an Schätzen zu bieten hat.

Wenn wir die Kinder aufnehmen
und uns für die Hilfsbedürftigen einsetzen,
als wäre es das schutzlose Jesuskind selbst,
dann begegnet uns Gott schon in dieser Zeit
und der Geist seiner Liebe breitet sich aus
wie ein Ahnen des Himmels in der Welt.

26. Sonntag im Jahreskreis

Wenn nur der Herr seinen Geist auf sie alle legte! (Num 11,29b)

Der Geist weht, wo er will
und wo kein Mensch ihn erwartet.
Und so kann es geschehen,
dass Gott der Herr seinen Geist
auf einen Menschen legt,
wo auch immer er sich aufhält
oder was er gerade tut.
Die Kraft dieses Geistes
ruft den Menschen heraus
aus dem Einerlei seiner Tage.
Die Augen gehen ihm auf
und das Ziel seiner Reise
wird ihm offenbar.
Wenn Gottes Geist
einen Menschen antreibt,
beginnen seine Hände
im Namen Jesu des Herrn
Wundertaten zu wirken.
Von diesem Tag an weiß er,
dass er einen Schatz gefunden hat,
der niemals verdirbt.
Dieser Schatz stammt nämlich nicht
aus dem Schoß der Erde,
sondern sein ganzes Herz
ist von ihm erfüllt,
weil der Geist des Herrn
darin Wohnung genommen hat.
Und er geht seinen Weg zum Leben,
und lässt alles zurück, was ihn hindert,
denn das Reich Gottes ist sein Ziel.

27. Sonntag im Jahreskreis

Und die zwei werden ein Fleisch sein.
Sie sind also nicht mehr zwei, sondern eins. (Mk 10,8)

O Gott, mach unsere Liebe der deinen ähnlich.
Bevor du uns Menschen erschaffen hast, war die Liebe schon bei dir, denn die schönste und reinste Erscheinungsform ist deine Liebe, mit der du als Gott der Vater und der Sohn und der Heilige Geist in einem ungeteilten göttlichen Wesen einig bist.

O Gott, mach unsere Liebe der deinen ähnlich.
Aus lauter Liebe hast du uns Menschen erschaffen und auch uns die Fähigkeit zu lieben in die Herzen gelegt. Weil aber die Liebe nur dann wahr ist, wenn sie aus der Freiheit geboren wird, kann es leicht geschehen, dass wir uns von deiner Liebe abwenden.

O Gott, mach unsere Liebe der deinen ähnlich.
Du hast uns zuerst geliebt und du weißt, dass uns der Mangel an Liebe immer wieder in die Sünde führt. Darum hast du deinen Sohn in unsere Welt gesandt, der durch sein Leiden unsere Sünden tilgt und uns in die heilige Gemeinschaft deiner Liebe zurückführt.

O Gott, mach unsere Liebe der deinen ähnlich.
Wenn zwei Menschen einander lieben und den Ehebund geschlossen haben, so nimm du dich ihrer Liebe an und segne sie, dass sie nach deinem Bild in Freiheit zueinander Ja sagen, sich die Treue halten und die Freude über diese Liebe sie durch ihr ganzes Leben trägt.

28. Sonntag im Jahreskreis

Da sah ihn Jesus an, und weil er ihn liebte, sagte er:
Eines fehlt dir noch: Geh, verkaufe, was du hast,
gib das Geld den Armen, und du wirst einen bleibenden Schatz
im Himmel haben; dann komm und folge mir nach! (Mk 10,21)

Hast du schon seit langer Zeit
dieses drängende Wirken des Geistes
in deinem Herzen wahrgenommen?
Bist du aufgebrochen,
obwohl du nicht genau weißt,
wo diese Heimat liegt,
nach der du unterwegs bist,
und welcher Weg der richtige ist,
solange er sich nur
über den Horizont der Erde erhebt?
Vielleicht wirst du eines Tages
auf diesem spannungsvollen Weg
Jesus selbst in die Arme laufen
und dann kann es geschehen,
dass er dich anblickt,
mit seinen Augen voller Liebe.
An jenem Tag wirst du erfahren,
welcher Auftrag dir anvertraut ist,
doch dann es kann geschehen,
dass du dein Haupt senkst
und traurig weggehen willst.
Sei nur getrost, du bist nicht allein,
denn Jesus selbst ist dein Wegbrot,
und was du bewirken sollst,
wird dir mit ihm gelingen.
Versuche es und setze alles, was du hast,
dann bist du gerettet,
denn für Gott ist alles möglich.

29. Sonntag im Jahreskreis

Sie sagten zu ihm: Lass in deinem Reich einen von uns rechts
und den andern links neben dir sitzen. (Mk 10,37)

Rechts oder links
neben dem Herrn zu sitzen –
in der Herrlichkeit des Gottesreiches,
das ist keine vermessene Sehnsucht,
auch wenn es Jakobus und Johannes
anfangs noch falsch verstehen.

Rechts oder links
neben dem Herrn zu sitzen –
begreifen sie nach irdischen Maßstäben,
denn sie halten es für die vornehmsten Plätze
und sie sind der festen Überzeugung,
sie vor allen anderen zu verdienen.

Rechts oder links
neben dem Herrn zu sitzen –
das ist die Fülle des wahren Lebens,
jenseits aller irdischen Vergänglichkeit,
und es gibt keinen ersten oder letzten Platz
vor dem Angesicht des dreifaltigen Gottes.

Rechts oder links
neben dem Herrn zu sitzen –
diese Bitte erfüllt uns der Herr mit Freude,
sogar in diesem vergänglichen Leben schon,
denn er speist uns mit lebendigem Himmelsbrot,
in dem er selbst an unsere Seite tritt.

30. Sonntag im Jahreskreis

Hab nur Mut, steh auf, er ruft dich. (Mk 10,49)

Weißt du, Mensch, woran es dir wirklich fehlt?
Denkst du darüber nach, was dich hindert,
deine Wünsche und Fähigkeiten auszuleben?
Was wäre, wenn Jesus deinen Weg durchkreuzte?
Wenn er dich einmal fragt: Was soll ich dir tun?
Was wirst du ihm antworten?

Weißt du, Mensch, was du wirklich willst?
Wenn dein Auge dunkel, dein Fuß ohne Kraft ist,
wie gehst du mit deinen Schranken um?
Was wäre, wenn dir Jesus an der Straße begegnete?
Hast du den Mut zu schreien, bis der Erlöser dich hört?
Es wäre die Chance deines Lebens!

Ahnst du, Mensch, wie stark du wirklich bist?
Wenn dein Fuß dich nicht trägt oder dein Auge dunkel ist,
dann suche den Weg, der einzig für dich gangbar ist.
Hab nur Mut, denn Jesus ist mit dir.
Sag: Rabbuni, ich möchte wieder handeln können.
Mit diesem Glauben wirst du Berge versetzen.

31. Sonntag im Jahreskreis

Du bist nicht fern vom Reich Gottes. (Mk 12,34)

Dein Herz sei wie eine köstliche Blume.
Empfange deine Lebenskraft von den Strahlen
der unergründlichen Liebe deines Schöpfers.
Lass dein Herz aufspringen wie eine Knospe
und die Antwort deiner Liebe hervorquellen.
Öffne die Arme und verschenke dein Leben,
deine Gedanken, dein Herz und deine ganze Kraft
in der Liebe zu deinem Schöpfer und den Geschöpfen
und schließe dich selbst in die Liebe ein.

Deines Lebens Gesetz sei deine Liebe.
Wenn du sie all deinem Handeln voranstellst,
wirst du stets verlässliche Führung haben.
Opferst du die Kraft deines liebenden Herzens
den Nächsten, von Schuld beladen wie du selbst,
so wirst du gemeinsam mit ihnen rein.
Mit der Krone deiner Liebe verherrliche den Schöpfer.
Im Bewusstsein dieses Glaubens und der Demut
wandelst du nicht fern von Gottes Reich.

32. SONNTAG IM JAHRESKREIS

Elija entgegnete ihr: Fürchte dich nicht! Der Mehltopf wird nicht leer werden und der Ölkrug nicht versiegen bis zu dem Tag, an dem der Herr wieder Regen auf den Erdboden sendet. (1 Kön 17,13a.14b)

Gesegnet sei dein Bissen Brot.
Verzehre ihn mit Verstand und Sinn
und spüre den Segen, der im Brot ist.
Stelle dir einmal vor,
es wäre dein letzter Bissen.
Könntest du ihn weggeben,
wenn ein hungernder Prophet dich darum bäte?
Vertraust du dem Segen Gottes,
den deine Gabe über dir selbst ausbreitet?

Gesegnet sei deine Handvoll Geld.
Verwende es sinnvoll zum Erhalt des Lebens
und fürchte keinerlei Fluch.
Stelle dir einmal vor,
es wäre dein letzter Cent.
Könntest du ihn verschenken,
wenn die Not deines Nächsten dich anrührt?
Kannst du den Segen ermessen,
mit dem die Himmel für dich Sorge tragen?

33. Sonntag im Jahreskreis

Amen, ich sage euch: Diese Generation wird nicht vergehen,
bis das alles eintrifft. (Mk 13,30)

Marána tha – komm o Herr!
Menschensohn auf den Wolken des Himmels,
unsere Angst und Hoffnung zugleich.
Denn wenn du kommst,
wird nichts so bleiben wie es war.

Marána tha – komm o Herr!
Urschrei der frühen Christen,
die dich zu ihren Lebzeiten erwarteten.
Doch als du kamst,
war es nicht das Ende der ganzen Welt.

Marána tha – komm o Herr!
Lass uns nicht warten bis zum Ende aller Zeiten,
ergreife schon heute unser Herz wie ein Sturmwind.
Denn wenn du kommst,
hat unsere Finsternis ein Ende und das Leben erhält seine Chance.

DREIFALTIGKEITSSONNTAG

Hat je ein Volk einen Gott mitten aus dem Feuer
im Donner sprechenhören, wie du ihn gehört hast,
und ist am Leben geblieben? (Dtn 4,33)

Wenn ein Mensch dem unverhüllten Gott gegenübersteht, hat er seinen Leib bereits der Erde zurückgegeben. Seine Seele aber, die das wahre Leben hat, schaut die Fülle der göttlichen Herrlichkeit.

Aus Liebe zu seinen Geschöpfen offenbart sich Gott in dreifaltiger Wesenheit. Solange wir auf Erden leben, können wir die Nähe des Vaters und des Sohnes und des Heiligen Geistes spüren.

Wir verehren Gott den Vater, der uns erschaffen hat. Seine väterliche Liebe wohnt in unseren Herzen und wir vertrauen ihm unsere Sorgen an. Der Ich-Bin-Da begegnet uns überall in seiner Schöpfung.

Wir verehren Gott den Sohn, in dem uns Gott als Mensch begegnet. Er gibt sein Leben für uns hin und schenkt uns seinen Leib und sein Blut als Speise und Trank, damit wir das Leben in Fülle haben.

Wir verehren Gott den Heiligen Geist, in dem uns Gottes Wahrheit begegnet. Er gießt die Liebe in unsere Herzen und befreit uns von der Fessel des Vergänglichen, sodass wir wahre Kinder Gottes werden.

Wir danken Gott für seine dreifaltige Wesenheit und beten ihn an im Namen des Vaters und des Sohnes und des Heiligen Geistes, bis einst unsere unsterbliche Seele die Fülle dieses Geheimnisses begreift.

Fronleichnam

Wie viel mehr wird das Blut Christi, der sich selbst kraft ewigen
Geistes Gott als makelloses Opfer dargebracht hat,
unser Gewissen von toten Werken reinigen,
damit wir dem lebendigen Gott dienen. (Hebr 9,14)

O Jesus,
dein kostbares Blut ist das Blut des Neuen Bundes, den der Vater im
Himmel mit seinen Kindern überall auf der Welt geschlossen hat. Du
hast es vergossen, damit wir Erlösung finden.

O Jesus,
dein kostbares Blut hast du für uns zum wahren Trank gemacht, so wie
dein Leib uns wirkliche Speise ist. Wir dürfen an deinen Tisch kommen
und dich genießen in den Gestalten von Wein und Brot.

O Jesus,
dein kostbares Blut reinigt uns von aller Schuld und versöhnt uns mit
dem Vater. Dafür danken wir von ganzem Herzen und feiern heute in
diesem Geist voll Freude das Fest deines Leibes und Blutes.

O Jesus,
dein kostbares Blut und dein Leib sind nun ein Teil von uns. Wie du
dich an uns verschenkt hast, so wollen auch wir uns dir schenken und
ein Leben führen, das deinem Geist entspricht.

HOCHFEST DES HEILIGSTEN HERZENS JESU

Einer der Soldaten stieß mit der Lanze in seine Seite,
und sogleich floss Blut und Wasser heraus. (Joh 19,34)

O Jesus, mein Gott,
dein Herz rief mich
und ich kam.
Im Haus des Vaters fand ich dich.

O Jesus, mein Herz,
hier stehe ich
unter deinem Kreuz aus Holz
in einer Kirche aus Stein.

O Jesus, mein Heiland,
du blickst mich an.
Holz und Stein werden lebendig
und dein mildes Auge trifft mich ins Herz!

O Jesus, mein Retter,
das Herz wird mir weit
am Stamm deines Kreuzes,
da du Blut und Wasser über mir ausströmst.

O Jesus, meine Freude,
dein Mund spricht zu mir:
„Sei gewiss, ich bin da für dich,
und ich trage dein Herz in dem meinen!"

CHRISTKÖNIGSSONNTAG

Mein Königtum ist nicht von dieser Welt.
Jeder, der aus der Wahrheit ist, hört auf meine Stimme.
(Joh 18,36.37f)

Jesus Christus großer König,
unsere Herzen singen dir voll Freude ein Lied:
Du bist nicht wie die Könige dieser Welt,
verlangst nicht Prunk noch Dienerschaft.
Zeuge bist du für die Wahrheit,
für Gottes Liebe und seine Huld und Treue.
Voll Freude singen dir unsere Herzen:
Herr Jesus Christus, großer König,
wir verneigen uns tief vor dir.

Edler König Jesus Christus,
Das Lied unserer Herzen singt voll Ehrfurcht:
Dein Königreich ist nicht von dieser Welt,
über die Welt hinaus hebst du auch unseren Sinn.
Was ist Wahrheit? – fragen wir lebenslang.
Dein Königtum verleiht uns Menschen Würde.
Voll Ehrfurcht singen dir unsere Herzen:
Herr Jesus Christus, edler König,
wir verneigen uns tief vor dir.

LESEJAHR C

1. ADVENTSSONNTAG

Richtet euch auf, und erhebt eure Häupter. (Lk 21,28)

Wie kann ich mein Haupt erheben,
wenn es dir gefällt, mein Gott,
Angst und Schrecken um mich zu verbreiten?
Wie soll ich mich aufrichten,
wenn Zerstörung um sich greift
und die Krallen nach mir ausstreckt?
Ich möchte vor Angst im Erdboden versinken,
du aber sagst: die Erlösung ist nahe!

Wo kann ich mich verbergen,
wenn es dir gefällt, mein Gott,
die Kräfte des Himmels zu erschüttern?
Ich werde bestürzt und ratlos sein,
wenn du Sonne, Mond und Sterne
gegen mich aus ihren Bahnen wirfst.
Ich weiß, dass ich nicht weglaufen kann,
wenn deine Herrlichkeit zu meinen Häupten erscheint.

Du aber sagst: die Erlösung ist nahe!
Denn es hat dir gefallen, mein Gott,
dein Wort vom Heil über mir auszusprechen.
Schenke mir ein gefestigtes Herz,
ein unverzagtes Auftreten in Zeiten der Not,
Wachsamkeit und Sorge für die geschundene Welt.
So hoffe ich, all den Schrecken zu entrinnen,
damit ich an jenem Tag vor den Menschensohn hintreten kann.

2. Adventssonntag

Eine Stimme ruft in der Wüste:
Bereitet dem Herrn den Weg! (Lk 3,4)

So viele Stimmen hat diese Welt.
Stimmen voll Freude, Hass oder Wohlwollen,
Schreie aus Jubel, Verzweiflung und Angst,
Lockrufe der Sinne und der Ausbeutung.
Aber die Stimme der Wahrheit ruft aus der Wüste:
Bereitet dem Herrn den Weg.

Die Wüste ist ein Ort der Stille.
Sie führt das Leben auf den wahren Kern zurück,
bar jedweder Üppigkeit oder Ablenkung,
sie bietet Heuschrecken, wilden Honig und Kamelhaar
und schärft den Blick auf das Wesentliche:
jenseits der Berge, Hügel und Täler.

Die Stimme der Wüste ruft nach Umkehr,
Streben nach Einsicht und Besinnung, worauf es ankommt,
Aufbruch in das gelobte Land unter Freudenrufen.
Wir ebnen *unseren* Weg zum Herrn,
tragen Hindernisse ab, die den Blick verstellen,
damit wir einziehen in ein Leben unter Gottes Heil.

3. Adventssonntag

Freu dich, und frohlocke von ganzem Herzen, Tochter Jerusalem!
Der Herr hat das Urteil gegen dich aufgehoben. (Zef 3,14–15)

Herr, wir freuen uns ganz und gar nicht
über eine Welt, in der Krieg herrscht. Wir missgönnen und hassen,
verachten und dünken uns besser als andere.
Wir müssen umkehren und Versöhnung suchen,
bevor uns die Freude für immer verlässt.

Herr, wir freuen uns ganz und gar nicht
über eine Welt, in der die Angst vor dem Terror umgeht. Wir halten
die Opfer und uns selbst für ganz und gar unschuldig.
Wir müssen umkehren und unsere eigenen Fehler betrachten,
bevor uns die Freude für immer verlässt.

Herr, wir freuen uns ganz und gar nicht
über eine Welt, in der es Hunger und Ungerechtigkeit gibt. Wir essen
und trinken, verschwenden und verschmutzen.
Wir müssen umkehren und der Einen Welt eine Chance geben,
bevor uns die Freude für immer verlässt.

Herr, wir freuen uns ganz und gar nicht
über eine Welt, in der wir als Kirche unvollkommen sind. Wir sind
Christen aus Gewohnheit und wissen kaum noch warum.
Wir müssen umkehren und Gott in unsere Kirche zurückbringen,
bevor uns die Freude für immer verlässt.

Herr, wir freuen uns ganz und gar nicht
über eine Welt voller Unglück, Krankheit und Tod. Wir schreien und
fragen warum?! Der Erlöser aber neigt mit uns sein Haupt.
Dann müssen wir mit aller Kraft helfen, lindern und begleiten,
bevor uns die Freude für immer verlässt.

4. Adventssonntag

In dem Augenblick, als ich deinen Gruß hörte,
hüpfte das Kind vor Freude in meinem Leib. (Lk 1,44)

Klein sein wie ein Kind
Gott stieg von der Herrlichkeit der Himmel herab, um als Mensch unter uns Menschen zu erscheinen. Um wie viel mehr sollten wir Menschen von dem selbst erschaffenen Sockel herabsteigen, auf den wir uns in unserer Verblendung erhoben haben.

Gott begegnen wie ein Kind
Gott hat sich für uns klein gemacht, damit wir seine wahre Größe begreifen können. Darum sollten wir uns nicht selbst größer machen, als wir wirklich sind, und stets mit Freude bedenken, dass wir nicht mehr, aber auch nicht weniger als Kinder Gottes sind.

Sich freuen wie ein Kind
Die Begegnung mit Gott ruft Freude hervor. Wie oft schon hat uns der Herr mit seinem Besuch erfreut wie Elisabet. Lassen wir doch das Kind in uns einmal so recht vor Freude hüpfen, wenn Jesus beim gemeinsamen Mahl in unsere Herzen einkehrt.

Hinweis: Weihnachten – In der Nacht: *siehe Lesejahr A (S. 14)*
Weihnachten – Am Tag: *siehe Lesejahr A (S. 15)*

FEST DER HEILIGEN FAMILIE

Dann kehrte er mit ihnen nach Nazaret zurück
und war ihnen gehorsam. Seine Mutter bewahrte alles,
was geschehen war, in ihrem Herzen. (Lk 2,51)

In einer heilen Familie zu leben, bedeutet,
sich von Herzen geliebt und geachtet zu wissen,
unter wohlwollenden Menschen geborgen zu sein,
sich in eine feste Burg zurückziehen zu können,
in der Not nicht allein gelassen zu werden,
einen Ort der Ruhe und Erholung zu haben
und sich gemeinsam für das Gute einzusetzen.

Die Familie heil zu erhalten, bedeutet,
sich selbst und seine Kraft einzubringen,
die anderen Mitglieder nicht auszunutzen,
die Schwächeren nicht zu beschämen,
die Mutlosen wieder aufzurichten,
jeden nach seiner Art in Liebe anzunehmen
und einander zu ertragen und zu vergeben.

Den Geist der Heiligen Familie zu erstreben, bedeutet,
das Familienleben auf Gott hin zu öffnen
und auch in den Dienst für die Menschen zu stellen.
Das Handeln Gottes nicht immer zu begreifen,
es aber im Herzen zu bewegen und zu bewahren.
Das Göttliche Kind liebevoll in unsere Arme zu schließen
und der Einladung zu seinem Festmahl freudig zu folgen.

Hinweis: 2. SONNTAG NACH WEIHNACHTEN: *siehe Lesejahr A (S. 17)*
ERSCHEINUNG DES HERRN: *siehe Lesejahr A (S.18)*

TAUFE DES HERRN

Er wird euch mit dem Heiligen Geist
und mit Feuer taufen. (Lk 3,16b)

Getauft im Wasser des Jordan
Er kommt mit dem ganzen Volk. Er, der mit Heiligem Geist und mit
Feuer taufen wird, steht mitten unter den Menschen und lässt sich von
Johannes mit Wasser taufen. An diesem Tag erscheint die wahre Natur
Jesu Christi vor aller Welt: Als wahrer Mensch empfängt er die Taufe,
als wahrer Sohn Gottes wird er durch die Stimme des Vaters und den
Geist, der wie eine Taube erscheint, beglaubigt.

Neugeboren aus Wasser und Geist
Am Fest der Taufe des Herrn denken wir an unser Taufversprechen.
Wenn auch die meisten von uns als Kinder getauft wurden, so hatten
wir doch oft die Gelegenheit, dieses Versprechen aus eigenem Willen
zu erneuern. Und so wollen wir nie vergessen, dass wir alle Glieder
des einen Leibes Christi sind und dass wir den Geist empfingen, der
uns alle zu geliebten Kindern Gottes macht.

Getauft mit Heiligem Geist und mit Feuer
An Ende des weihnachtlichen Festkreises kehren wir gestärkt in den
Alltag zurück. Wir haben die ermutigende Zusage, dass Jesus mit uns
auf dem Weg ist. Mit der Kraft seines Geistes und dem Feuer der Liebe
sendet er uns in die Welt hinaus, damit wir seiner Frohen Botschaft
die Wege ebnen und treu unsere Aufträge erfüllen, den Gaben entspre-
chend, die der Geist uns verliehen hat.

1. FASTENSONNTAG

Denn jeder, der den Namen des Herrn anruft,
wird gerettet werden. (Röm 10,13)

Versuchung
zu glauben, ich verdanke mich mir selbst
anzubeten die Werke der eigenen Hand
sich in der Gier nach Macht zu erschöpfen
den Erhalt des Leibes über alles zu stellen
Gottes Wunder herbeizwingen zu wollen
in dieser Überhebung von der Zinne zu springen
und am Boden dieser Welt zu zerschellen

Askese
die Kraft des Heiligen Geistes zu erbitten
sich hinwegzusetzen über die Belange der Welt
dem Mangel und der Entbehrung standzuhalten
nach dem Sinn des eigenen Daseins zu forschen
zu erfahren, wie in der Stille Gottes Größe aufstrahlt
in der neu gewonnenen Klarheit aufzubrechen
und den göttlichen Auftrag in der Welt zu verwirklichen

Bekenntnis
ich weiß, dass ich Staub bin und zum Staub zurückkehre
doch vor dem Herrn meinem Gott werfe ich mich nieder
denn wer an ihn glaubt, wird nicht zugrunde gehen
ich vertraue auf Gottes starke Hand und hoch erhobenen Arm
und ich glaube daran, dass Jesus von den Toten auferstanden ist
alle Tage halte ich dieses Bekenntnis wach
und in der Welt empfange ich meines Lebens Sinn von Gott

2. Fastensonntag

Sie gerieten in die Wolke hinein und bekamen Angst. (Lk 9,34)

O Gott, wer deine Verheißung erfährt,
wird in Angst und Schrecken versetzt.
Er weiß nicht, ob er träumt oder wacht,
und am Ende ist alles wieder dunkel.

Schenke unseren Herzen die Glaubenskraft,
deine Zusage ohne Vorbehalt anzunehmen.

O Gott, deine Verheißungen schockieren,
und in das gleißende Licht zu schauen macht sprachlos.
Die Jünger begreifen das strahlende Gespräch vom Ende nicht,
jedoch die Stimme aus der Wolke trifft sie ins Herz.

Schenke unseren Herzen die Kraft des Vertrauens,
das Unbegreifliche zu bewahren und darüber nachzudenken.

O Gott, wer an deine Verheißungen glaubt,
wird nicht vor Kummer und Armseligkeit bewahrt.
Vielleicht wartet er über das Ende seiner Tage hinaus,
und erst sein verklärter Leib wird des Heils gewahr.

Schenke unseren Herzen die Kraft des Gebetes,
damit wir schauen und ertragen, was Jesus auf dem Berg offenbarte.

3. FASTENSONNTAG

Da antwortete Gott dem Mose:
Ich bin der „Ich-bin-da". (Ex 3,14)

Wir beten dich an, Gott, unser Ich-bin-da.
Dein wunderbarer heiliger Name offenbart uns deine Nähe.
Wir vertrauen auf deine starke Hand, die für uns Meere spalten kann.
Irren wir durch die Wüsten, bist du unsere Leben spendende Quelle.
Ehre sei dir und Dank und Liebe.

Wir beten dich an, Gott, unser Ich-bin-da.
Manchmal fällt es uns ein, gegen dich zu murren.
Wir werden hart wie der Feigenbaum, der die Früchte verweigert.
Doch beruft uns Christus, dein ewiges Wort, zu Umkehr und Leben.
Ehre sei dir und Dank und Liebe.

Wir beten dich an, Gott, unser Ich-bin-da.
Deine heilende Nähe lässt uns doch immer wieder Früchte tragen,
bis sich am Ende unser Blut mit Erde und Trümmern vermischt.
Dann werden unsere Seelen die Fülle deines Ich-bin-da schauen.
Ehre sei dir und Dank und Liebe.

4. Fastensonntag

Aber jetzt müssen wir uns doch freuen und ein Fest feiern;
denn dein Bruder war tot und lebt wieder. (Lk 15,32)

Vater, dein Sohn will fort von dir!
Wir sind halsstarrig, wie es das Volk Gottes einst war. Wir jagen
falschen Zielen nach und verlieren das Vaterhaus aus dem Sinn.
Vater, sei langmütig – damit die Freude wiederkehre.

Vater, dein Sohn ist tot!
Wie oft verlieren wir uns in der bunten Beliebigkeit der Welt. Ohne
Bezug zum Vater bleibt unser Hunger nach Leben ungestillt.
Vater, gib uns nicht auf – damit die Freude wiederkehre.

Vater, dein Sohn hat Sehnsucht nach dir!
Es ist nicht leicht, Fehler einzugestehen, aber wie gut ist es, zum
Vater zurückzukehren, auch wenn wir gestrauchelt sind.
Vater, halte Ausschau nach uns – damit die Freude wiederkehre.

Vater, du gehst deinem Sohn entgegen!
Du schaust nach den Deinen aus und wir sind in der Welt nicht
allein. Jesus ist mit uns und stellt dich als barmherzigen Vater vor.
Vater, komm uns entgegen – damit die Freude wiederkehre.

Vater, du versöhnst deinen Sohn mit dir!
Wir dürfen nie vergessen, wie oft der Vater uns bereits verziehen
hat, bevor wir zürnen über die Tilgung der Schuld unseres Bruders.
Vater, verzeih dem Bruder und mir – damit die Freude wiederkehre.

5. FASTENSONNTAG

Da sagte Jesus zu ihr: Auch ich verurteile dich nicht.
Geh und sündige von jetzt an nicht mehr! (Joh 8,11)

Ich rief: „Herr, mein Gott, verschaffe mir Recht!"
Und ich führte dem Herrn all die Bösen vor Augen.
Ich fragte: „Siehst du, wie ungerecht sie sind?"
Er antwortete: „Ich sehe es."
Da nahm ich einen Stein zur Hand.

Ich rief: „Herr, mein Gott, verschaffe mir Recht!"
Und der Herr berührte mit seinem Finger meine Augen.
Ich fragte: „Wer sind denn diese da?"
Er antwortete: „Für diese Vielen bist *du* der Böse!"
Und alle nahmen Steine zur Hand.

Und der Herr rief: „Ich, dein Gott, verschaffe dir Recht, Mensch!"
Und die Augen meiner Seele erkannten Christus, das Lamm Gottes.
Ich fragte: „Darf ich dieses große Opfer annehmen?"
Er antwortete: „Es ist deine einzige Chance!"
Und ich legte meinen Stein bei den vielen Steinen nieder.

PALMSONNTAG

Die Könige herrschen über ihre Völker,
und die Mächtigen lassen sich Wohltäter nennen. (Lk 22,25)

Was wäre, wenn …
die Menschen es verstanden hätten?
Bei deinem Einzug nach Jerusalem
offenbarst du dein wahres Königtum.
Ein König, der auf einem Esel reitet,
ohne Waffengewalt und ohne Prunk,
friedfertig, sanftmütig und voller Güte.
Was wäre, wenn *wir* es besser verstehen könnten,
dass dein Königreich nicht von dieser Welt ist?

Was wäre, wenn …
die Menschen es angenommen hätten?
Dein Königtum hätte sie veredelt
und deine Herrlichkeit auf die Erde gebracht.
Sie wären deinem Beispiel gefolgt,
hätten freudig ihre Waffen abgelegt
und untereinander Frieden geschlossen.
Was wäre, wenn *wir* es besser annehmen könnten?
Der Kelch wäre an dir vorüber gegangen!

Was wäre, wenn …
du wie ein König dieser Welt wärest?
Du würdest dich weigern, jenen Kelch zu trinken,
und wir Sünder wären für immer verloren.
Doch dein Königtum ist nicht von dieser Welt.
Du bist bereit, des Vaters Willen zu erfüllen
und gehst den schweren Weg, der dir bestimmt ist.
Hosanna, edler König, was wären wir ohne dich?
Wenn wir nur verständiger und einsichtiger wären!

Hinweis: GRÜNDONNERSTAG: *siehe Lesejahr A (S. 26)*
KARFREITAG: *siehe Lesejahr A (S. 27)*

FEIER DER OSTERNACHT

*Der Menschensohn muss den Sündern ausgeliefert und gekreuzigt
werden und am dritten Tag auferstehen. (Lk 24,7)*

Jünger aus ihrer Trauer gerissen
vom Aufschrei der Frauen in der Nacht
der Herr ist auferstanden!

in der Frühe des Ostermorgens
sind sie ganz und gar hoffnungslos
vom tragischen Ende wie betäubt

das Grab ist leer
die Botschaft ungeheuerlich
unglaubwürdiges Geschwätz
oder nicht?

einer geht nachsehen
findet das Grab wirklich leer
Glaube entfaltet sich
in seinem Herzen

in der Frühe des Ostermorgens
denken die Jünger wieder an das Wort des Herrn
ich werde auferstehen am dritten Tag

endlich gehen ihnen die Augen auf
Gott hat das tragische Ende aufgehoben
neue Hoffnung für die ganze Welt

OSTERSONNTAG

Sie sah, dass der Stein vom Grab
weggenommen war. (Joh 20,1)

Steine im Weg
so viele Hindernisse
ich kann die Tat nicht vollbringen
zu der mein Herz mich drängt
was soll ich nur tun?
es müsste ein Wunder geschehen
ich allein bin zu schwach
einen solchen Brocken
aus dem Weg zu räumen
aber mein Herz drängt mich
es lässt mir keine Ruhe
mach dich trotzdem auf den Weg
spricht eine leise Stimme zu mir
und ich breche auf

der Stein ist fort
aus dem Weg geräumt
wie konnte das geschehen?
es ist ein Wunder
Halleluja
von jetzt an ist alles möglich
sehen und glauben
Gott greift in mein Leben ein
nichts bleibt beim Alten
sogar der Tod
ist nicht mehr sicher
der Herr ist auferstanden
er rief meinen Namen
hier bin ich

2. Sonntag der Osterzeit

Da freuten sich die Jünger, dass sie den Herrn sahen. (Joh 20,20b)

Mein Herr und mein Gott!
Deine Jünger sehen mit eigenen Augen,
dass du von den Toten auferstanden bist.
Bei verschlossener Tür erscheinst du ihnen,
du hauchst sie an mit dem Heiligen Geist
und machst sie zu deinen Aposteln.
Sie sehen und glauben.

Mein Herr und mein Gott!
Thomas sieht zuerst nicht mit eigenen Augen,
aber sein Herz brennt vor Sehnsucht nach dir
und sein Geist fordert ein Lebenszeichen.
Lange muss er auf deine Erscheinung warten,
doch du belohnst seine Geduld über die Maßen.
Und er sieht und glaubt.

Mein Herr und mein Gott!
Weil Thomas dich gesehen hat, glaubt er.
Du aber willst, dass er glaubt, ohne zu sehen,
so wie auch wir heute, ohne zu sehen, glauben.
Du schenkst uns den Geist, der unsere Herzen aufschließt,
so erfreuen wir uns im österlichen Mahl deiner Gegenwart.
Und wir empfangen und glauben.

3. SONNTAG DER OSTERZEIT

Jesus sagte zu ihnen: Kommt her und esst! (Joh 21,12)

Festgefahren
Großartige Dinge sind geschehen, sogar die Zeit hat sich gewendet. Christus ist auferstanden, wir haben es erfahren und mit dieser Freude leben wir nun. Doch jetzt fordert der Alltag sein Recht. Wir müssen für unseren Lebensunterhalt sorgen, doch mag es geschehen, dass unserer Hände Fleiß allein uns nicht ernährt.

Herausgerufen
Es mag Tage geben, da bleiben trotz harter Arbeit unsere Hände leer. Wir sind so sehr in unseren irdischen Angelegenheiten verhaftet, dass wir den Herrn nicht erkennen, wenn er vor uns steht. Aber wenn sein Handeln uns aufhorchen lässt, brauchen wir nicht mehr zu fragen, denn unser Herz hat die Antwort bereits gefunden.

Gestärkt
Brot und Fisch aus der Hand des Auferstandenen sind für seine Jünger mehr als nur ein schlichtes Mahl, das den Magen füllt. Ihre Rückkehr in den Alltag hatte sie in eine Sackgasse geführt, doch an diesem Morgen richtet der Herr ihren Blick wieder auf und sie denken daran, dass sie Berufene sind.

Verbunden
Auch heute noch festigt Christus im gemeinsamen Mahl das Band der Liebe, mit dem unsere Herzen sich an ihn binden. Im Heiligen Geist empfangen wir unsere Aufgaben, die die Sorgen um das Alltägliche übersteigen. Es lohnt sich, alle Kraft dafür einzusetzen, denn unser Gewinn ist das Leben in Fülle

4. Sonntag der Osterzeit

Ich gebe ihnen ewiges Leben. Sie werden niemals zugrunde gehen,
und niemand wird sie meiner Hand entreißen. (Joh 10,28)

Viele Stimmen
buhlen um meine Aufmerksamkeit.
Auf welche soll ich hören?
Was kann ich gewinnen?
Was muss ich einsetzen?
Welcher Stimme soll ich folgen?

Die Stimmen dieser Welt
versprechen, was viele begehren:
Reichtum, Macht und Glückseligkeit,
Schönheit und langes Leben.
Doch sie sprechen nicht wahr
und verstricken Menschen in Abhängigkeiten.

Die Stimme des Guten Hirten
erklingt ganz leise in meinem Herzen.
Sie allein spricht die Wahrheit
und ich habe den Wunsch, ihr zu folgen.
Der Gute Hirt ist auf mein Heil bedacht
und er lässt mich nicht zugrunde gehen.

Von allen Stimmen entscheide ich mich für diese eine,
denn mein Herz sagt, dass sie die richtige ist.
Ich weiß den Guten Hirten an meiner Seite
und er speist mich mit dem lebendigen Brot.
Voll Zuversicht folge ich der vertrauten Stimme,
denn sie allein spricht Worte des ewigen Lebens.

5. Sonntag der Osterzeit

Daran werden alle erkennen, dass ihr meine Jünger seid:
wenn ihr einander liebt. (Joh 13,35)

Wenn wir aber die Liebe hätten,
dann würde die Welt uns erkennen.
Wir könnten ihr ein neues Gesicht geben
und würden nicht in der Masse verschwinden.
Ach, wenn wir die Liebe hätten,
dann würden wir unser Leben einsetzen
im Dienst für die Menschen in der Welt
wie Jesus Christus.

Wenn wir nur mehr Liebe hätten,
dann würden wir Christen erkennen,
dass wir alle am gleichen Werk arbeiten,
jeder auf seine Weise, so gut er kann.
Ach, wenn wir mehr Liebe hätten,
dann wären wir untereinander eins,
denn wir alle haben die gleiche Basis:
Jesus Christus.

Die Liebe verherrlicht.
So wie Vater und Sohn einander verherrlichen,
schenkt Gott auch uns Anteil an seiner Herrlichkeit,
wenn wir einander auferbauen und lieben.
In dieser Liebe feiern wir miteinander Gottesdienst.
Am Tisch des Herrn empfangen wir unsere Kraft,
damit auch wir der Welt unsere Liebe erweisen
wie Jesus Christus.

6. Sonntag der Osterzeit

in Engel zeigte mir die heilige Stadt Jerusalem, wie sie von Gott her aus dem Himmel herabkam. Die Herrlichkeit Gottes erleuchtet sie.
(Offb 21,10b.23b)

Was kann schöner sein
als das stille Mondlicht bei Nacht
oder was ist freundlicher
als die helle Sonne am Himmel?
Die verherrlichte Stadt Jerusalem
am Ziel unserer Reise
hat ein köstlicheres Licht,
als Mond und Sonne
je ausstrahlen können.
Ihr Licht ist der lebendige Gott,
anwesend und unverborgen,
geschaut von Angesicht zu Angesicht
in allgegenwärtiger Herrlichkeit.

Noch wohnen wir nicht dort
im strahlenden Haus des Vaters.
Wir leben hier und heute in der Welt
und unser Weg ist oft schwer.
Aber wir haben das Wort,
das der Herr uns auf den Weg gibt.
Wenn wir in seiner Liebe bleiben,
wohnt Gott in unseren Herzen,
der Friede Christi ist mit uns,
und der Geist schenkt uns Feuer.
Jetzt leben wir unter Sonne und Mond,
doch das Ziel unserer Reise ist köstlich
und wir wandern nicht allein.

CHRISTI HIMMELFAHRT

Ihr Männer von Galiläa,
was steht ihr da und schaut zum Himmel empor? (Apg 1,11)

Die Himmelfahrt Christi ist ein Abschied.
Die Jünger sind bestürzt. Sie starren den Himmel an und er erscheint
ihnen leer. Doch zwei Engel bringen sie wieder zur Besinnung.

Die Himmelfahrt Christi ist ein Auftrag.
Der Herr hat die Jünger alles gelehrt und sie zu seinen Zeugen gemacht.
Nun ist es an ihnen, die Menschen zur Umkehr zu rufen.

Die Himmelfahrt Christi ist ein Vertrauensbeweis.
Der Sohn kehrt zum Vater zurück und legt die Sorge um das Reich
Gottes in die Hände der Menschen. Sie werden die Welt verändern.

Die Himmelfahrt Christi ist eine Herausforderung.
Wir Menschen kennen weder Tag noch Stunde noch begreifen wir
Gottes Ratschluss. Wir aber setzen ein, was in unserer Macht liegt.

Die Himmelfahrt Christi ist unsere Kraft.
Der Herr lässt uns nicht als Waisen zurück. Im Sakrament des Altares
schenkt er uns Anteil an seinem Fleisch und Blut.

Die Himmelfahrt Christi ist ein Geheimnis des Glaubens.
Seit dem Abschied leben wir in der Welt, ohne den Herrn leibhaftig zu
sehen. Der Heilige Geist wird unseren Glauben stärken.

Die Himmelfahrt Christi ist Gottes Verheißung.
Der Sohn wurde in die Herrlichkeit des Vaters aufgenommen. Er wird
zurückkehren und auch uns verherrlichen.

7. Sonntag der Osterzeit

*Alle sollen eins sein: Wie du, Vater, in mir bist und ich in dir bin,
sollen auch sie in uns sein, damit die Welt glaubt, dass du mich
gesandt hast. (Joh 17,21)*

Eins sein
wie der Vater im Sohn
und der Sohn im Vater
Gott und Mensch
in Gemeinschaft
wahre Kommunion
der Allumfassende und der Sterbliche
einer im Herzen des anderen geborgen
ein wertvoller Schatz

Ein Herz und eine Seele
wir Menschen untereinander
wie der Meister und seine Jünger
der Sohn und der Vater
Einheit im Geist
heilige Kommunion
Leib und Blut Christi
machen uns zu Geschwistern
verbunden durch den Herrn

Eins sein
Mensch und Gott
in Gemeinschaft
eine Ahnung der Herrlichkeit
des Sohnes vom Vater
Kommunion der Herzen
lebendiges Brot vom Himmel
und unser sterblicher Leib
ein Bündnis der Liebe für die Welt

Hinweis: Pfingsten: *siehe Lesejahr A (S. 37)*

2. Sonntag im Jahreskreis

Wie der Bräutigam sich freut über die Braut,
so freut sich dein Gott über dich. (Jes 62,5)

Herr, wir tanzen!
Unter dem Zeichen von Kana tanzen wir,
denn du hast unseren Mangel aufgehoben,
uns im Übermaß geschenkt, was wir versäumten.
So wandelst du unseren Kummer in Freude.
Und wir tanzen,
trunken vom Wein deiner Liebe.

Herr, wir tanzen!
Im Morgenrot der jungen Liebe tanzen wir,
denn du nimmst unsere Einladung an,
verklärst die Hochzeit mit Anwesenheit
und dein Wunder macht diesen Tag zum Fest.
Und wir tanzen,
im Zeichen des Weines mit Gott vermählt.

Herr, wir tanzen!
Alle Tage unseres Lebens tanzen wir,
in der Freude unter dem Zeichen von Kana,
im Bund mit dem göttlichen Hochzeitsgast,
erquickt durch den Wein aus des Heilandes Hand.
Und mit dem Bräutigam tanzen wir
auf die Pforte des himmlischen Festsaales zu.

3. Sonntag im Jahreskreis

Und alle wurden wir mit dem einen Geist getränkt. (1 Kor 12,13)

Herr Jesus Christus, vom Vater ausgesandt,
auf dir ruht Gottes Geist, der uns die Freiheit und das Licht bringt,
der Geist, der Kraft und Hoffnung schenkt und wieder aufrichtet.
Wir glauben an die Gute Nachricht, die der Geist uns bringt,
und leben auf in der Gnadenzeit, die der Vater über uns ausrief.

Herr Jesus Christus, erfüllt von der Kraft des Geistes,
zieh in unsere Herzen ein, damit der Geist auch uns beflügelt.
Befreie uns von allen Zwängen, die uns gefangen halten,
und schenke uns Kraft und Mut und Selbstvertrauen,
damit auch wir Hoffnung und Licht in die Welt bringen.

Herr Jesus Christus, du bist das Haupt der Kirche Gottes,
im Heiligen Geist wurden wir zu Gliedern des einen Leibes
und wir alle wurden mit den je eigenen Gnadengaben beschenkt.
Hilf uns, das einzigartige Charisma zu erkennen und anzunehmen,
damit wir uns in rechter Weise für Gottes Schöpfung einsetzen.

4. Sonntag im Jahreskreis

Wenn ich alle Glaubenskraft besäße und Berge damit versetzen
könnte, hätte aber die Liebe nicht, wäre ich nichts. (1 Kor 13,2b)

Menschen aus Nazaret
erleben, wie Jesus aufwächst,
sie wissen, wer seine Mutter ist,
und glauben, seinen Vater zu kennen.
Sie sehen in Jesus einen Menschen
und halten ihn für ihresgleichen.
Darüber hinaus erwarten sie nichts
und sein Auftreten reizt sie zum Zorn.

Wir Christen der heutigen Zeit
wachsen mit dem Glauben an Jesus auf,
ohne Zögern sprechen wir unser Bekenntnis,
aber ist es heute noch ein Stein des Anstoßes?
Unser Christsein ist uns zutiefst vertraut,
wie es die Menschen aus Nazaret mit Jesus waren.
Die Größe Gottes rüttelt uns kaum noch wach
und wir erwarten keine Wunder von ihm.

Menschen aus Nazaret und Christen von heute
sollten über den Sumpf des Alltäglichen hinausblicken.
Machen wir uns auf jenen Weg, der alles übersteigt,
es ist der Königsweg der Liebe.
Mit der vorbehaltlosen Liebe im Herzen
lernen wir Gott mit ganz anderen Augen kennen.
Danach ist vielleicht nichts mehr so, wie es vorher war,
doch *alles* erwarten wir von der Liebe Gottes.

5. Sonntag im Jahreskreis

Doch durch Gottes Gnade bin ich, was ich bin, und sein gnädiges
Handeln an mir ist nicht ohne Wirkung geblieben. (1 Kor 15,10a)

Berufen und ausgesandt –
sind nicht nur Apostel oder Propheten.
Der Ruf Gottes gilt allen Menschen,
und keiner von ihnen hat ihn verdient.
Es sind Menschen mit unreinen Lippen
und solche, die ihn hart bekämpfen.
Gott ruft, wen er will und wann er will,
und niemand weiß, wann es ihn trifft.

Gottes Ruf ist unwiderstehlich –
er reißt Menschen mitten aus ihrem Tagwerk
und blinzelnd schauen sie seine Herrlichkeit.
Zugleich geraten sie in Schrecken und Angst,
weil sie erkennen, wie unwürdig sie sind.
Gottes gnädiges Handeln aber macht sie rein,
und im Licht finden sie Fähigkeit und Mut,
den göttlichen Auftrag mit Freude zu erfüllen.

Berufungsgeschichten sind einzigartig –
wenn Gott eines seiner Kinder beim Namen ruft,
so schwingt sein verborgenes Charisma auf.
Und wenn eines Tages ein Mensch zu dir spricht:
„Es ist an der Zeit – sei du *du selbst!*“,
so hast du in Wahrheit Gottes Stimme gehört.
Brich nur auf an diesem Tag und hoffe darauf,
dass Gottes gnädiges Handeln nicht wirkungslos bleibt.

6. Sonntag im Jahreskreis

Wenn aber Christus nicht auferweckt worden ist,
dann ist euer Glaube nutzlos. (1 Kor 15,17a)

Segen oder Fluch?

Was soll ich glauben?
Habe ich nur diese Welt oder
ist da etwas jenseits der Grenze?
Ich muss mich für ein Weltbild entscheiden,
nach dem ich mein Leben ausrichten kann.

Wenn Christus nicht auferweckt wurde,
dann habe ich nur das Diesseits
und ich kann meine Hoffnung
allein auf Menschen setzen,
die ebenso fehlerhaft sind wie ich selbst,
und so muss meine Seele verdorren.

Wurde aber Christus auferweckt,
dann werde auch ich einst auferstehen,
und ich muss mich verantworten.
Heißt es dann: *selig bist du* – oder *wehe dir*?
Doch mein Vertrauen setze ich auf Gott
und so findet meine Seele Nahrung.

Nun – ich habe meine Entscheidung getroffen:
Ich glaube an die Auferstehung Christi
und daran, dass mein Leben nicht nutzlos ist.
Ich kann das *selig bist du* nicht oft verwirklichen,
aber ich hoffe, dass sich der Erlöser meiner erbarmt
und mich einst mit ihm im Paradies sein lässt.

7. Sonntag im Jahreskreis

Ihr aber sollt eure Feinde lieben und ihr werdet Söhne des Höchsten
sein; denn auch er ist gütig gegen die Undankbaren und Bösen.
(Lk 6,35a.c)

Ein Mensch hatte einen Bruder, mit dem er sich nicht vertrug. Eines Tages tat der Bruder etwas, das diesen Menschen mehr verletzte als alles zuvor. Und sein Groll gegen den Bruder verstärkte sich.

Dieser Mensch hatte einen Freund, den er sehr schätzte. Eines Tages tat er ohne Absicht etwas, das seinen Freund sehr verletzte. Die Verstimmung seines Freundes jedoch öffnete ihm die Augen.

Der Mensch erkannte, dass er wie sein Bruder gehandelt hatte, dem er doch zürnte. Da schämte er sich und bat zuerst den Freund um Vergebung, danach verzieh er dem Bruder im Herzen vor Gott.

Beim nächsten Mal begegnete ihm der Bruder wider Erwarten freundlich. An diesem Tag begriff der Mensch den Sinn des Wortes Jesu: „Liebt eure Feinde", und er spürte einen himmlischen Segen.

Und der Mensch dankte Gott von Herzen und wollte nun stets daran denken, dass Jesus der Bruder aller Menschen ist, die in der heiligen Kommunion untereinander und mit ihm verbunden sind.

8. Sonntag im Jahreskreis

Jesus sprach zu seinen Jüngern:
Kann ein Blinder einen Blinden führen?
Werden nicht beide in eine Grube fallen? (Lk 6,39)

Herr, segne unsere Augen.
Schenke ihnen die wahre und weise Sehkraft,
Balken und Splitter ins rechte Verhältnis zu setzen.
Öffne uns den Blick für die eigenen Schwächen
und gib uns die Kraft, sie zum Guten zu wenden.

Herr, segne unsere Augen,
wenn wir auf unsere Nächsten schauen,
damit wir ihre Fehler nicht überbewerten.
Öffne uns den Blick für ihre wertvollen Anlagen
und gib uns die Kraft, ihnen unser Herz zu öffnen.

Herr, segne unsere Augen,
wenn wir im Herzen deine unendliche Liebe betrachten,
und lass uns sehen, wie sie alle deine Kinder einschließt.
Öffne uns den Blick für die Erlösungstat deines Sohnes
und gib uns die Kraft, auf sein mahnendes Wort zu hören.

Herr, segne unsere Augen,
wenn wir Menschen einander bei der Hand nehmen,
und versuchen, einen Weg durch diese Welt zu finden.
Öffne uns den Blick für die gegenseitige Verantwortung
und gib uns die Kraft, die Frucht der Herzen zu veredeln.

9. Sonntag im Jahreskreis

Ich sage euch: Nicht einmal in Israel
habe ich einen solchen Glauben gefunden. (Lk 7,9b)

Wer ist ein guter Mensch?
Ein Mensch, der die Fremden, die in seinem Land leben, nicht verachtet, sondern sie in sein Gebet mit einschließt. Ein Mensch, der seine Befehlsgewalt nicht ausnutzt. Einer, dem Macht über andere Menschen gegeben wurde, der aber ihre Kultur nicht unterdrückt, sondern ihnen Wohltaten erweist.

Was bedeutet es, an Gott zu glauben?
Es bedeutet, Gott zu bitten und zu vertrauen, erhört zu werden. Es bedeutet, um das Wohlergehen aller Mitmenschen zu beten. Glauben heißt, sein Leben ganz und gar in der allmächtigen Hand des liebenden Schöpfers geborgen zu wissen, sich daran zu erfreuen und von Herzen zu danken.

Was sollen wir also tun?
Bringen wir den Mut auf, uns als Kinder Gottes zu bekennen, in der sakramentalen Gemeinschaft mit unserem Herrn Jesus Christus zu leben und dem Wirken des Heiligen Geistes Raum zu geben. So stellen wir Gott, an den wir glauben, den Menschen vor, ohne ihnen unsere eigene Lebensweise aufzuzwingen.

10. Sonntag im Jahreskreis

Ich befehle dir, junger Mann: Steh auf! (Lk 7,14)

Es gibt kein Zurück –
Nicht nur der leibliche Tod ist endgültig.
Menschen stoßen oft an ihre Grenzen.
Sie verstricken sich heillos in ihrem Unrecht,
wandeln auf sich totlaufenden Wegen
und haben nicht Mut noch Kraft zur Umkehr.
Es ist, als seien sie gestorben,
voreinander und vor Gott.
Es gibt kein Zurück – für Menschen.

Ich befehle dir, steh auf –
Das Wort des Herrn übertrifft menschliche Kraft.
Wenn die eigene Sünde die Luft zum Atmen nimmt,
gibt es nach menschlichem Ermessen keine Rettung.
Die Gnade des Herrn ist unsere letzte Hoffnung.
Voll Erbarmen sprengt er unsere Fesseln auf
und wir feiern ein Fest der Auferstehung,
denn das Leben wurde uns wieder geschenkt.
Ich befehle dir, steh auf – spricht der Herr.

11. SONNTAG IM JAHRESKREIS

Dann sagte er zu ihr: Deine Sünden sind dir vergeben. (Lk 7,48)

Herr, unser Gott,
unsere Sünden richten Unheil an,
verursachen Traurigkeit und Demütigung,
Diskriminierung, Verletzung und Tod.
Sie hinterlassen zerstörte Lebenspläne,
Hunger und Durst und Armut
und schädigen deine gesamte Schöpfung.

Herr, unser Gott,
angerichtetes Unheil fordert Opfer.
Es gibt Folgen menschlicher Taten,
die nicht wieder gutzumachen sind.
Viele Schäden bleiben dauerhaft
und den Tod können wir nicht umkehren,
selbst wenn die Reue uns zerfrisst.

Herr, unser Gott,
für unsere Opfer bitten wir dich,
deren Wunden wir nicht heilen können.
Lindere du in deiner Güte ihren Schmerz
und lass sie Frieden und Leben wiederfinden.
Wir selbst aber wollen um Vergebung bitten
und gutmachen, was in unserer Macht steht.

Herr, unser Gott,
du allein kannst Sünden vergeben,
wenn wir Liebe und wahre Reue zeigen.
Dein Sohn gibt für uns sein Leben hin
und schenkt sich uns als lebendiges Brot.
Diese Speise verleiht uns heilbringende Kraft
und wir gehen in Frieden und leben auf.

12. Sonntag im Jahreskreis

Ihr aber, für wen haltet ihr mich? (Lk 9,20)

„Wer bin ich für euch?", fragt Jesus.
Für deine Jünger bist du
nicht Johannes und auch nicht Elija,
ebenso kein auferstandener Prophet alter Zeit.
Für sie bist du kein anderer,
als Gottes Messias allein.

„Wer bist du für uns?", fragen wir Jesus.
Für uns bist du
Sohn Gottes und Todverfallener, mit der Kraft zu erlösen,
Heiland des Lebens für uns und mit uns.
Jeder Mensch betet dich nach seiner Weise an,
doch dein Name offenbart uns Gott-ist-Rettung.

„Wer bist du für mich?", ist meine Frage an dich.
Für mich bist du
Weg meines Lebens und Ziel meines Ringens um der Zeiten Fülle.
Nach deinem Willen darf mein Herz endlich schauen
und dich anrufen beim Namen, der für mich der größte ist:
Du bist Jesus, mein Seelenfreund!

13. Sonntag im Jahreskreis

*Keiner, der die Hand an den Pflug gelegt hat und nochmals
zurückblickt, taugt für das Reich Gottes. (Lk 9,62)*

Entscheidung
Hast du es schon erlebt, dass der Heilige Geist Gottes sein Netz nach
dir ausgeworfen hat? Hast du je mitten in der Arbeit verwundert auf-
geblickt und gespürt, dass wahres Leben mehr bedeutet, als nur für
den Unterhalt des Leibes zu sorgen? Wenn dir in diesem Augenblick
das Herz aufgeht, dann weißt du, was du zu tun hast.

Freiheit
Wenn du deine Entscheidung getroffen hast, dem Ruf Gottes zu folgen,
ist das Gesetz der Vergänglichkeit für dich nicht mehr von Belang.
Veraltete Regeln und überkommene Traditionen wirst du hinter dir
lassen, um deinen Geist zu befreien und den bleibenden Schatz zu
gewinnen.

Staunen
Hast du einmal den Mut aufgebracht, deinen Fuß auf diesen Weg zu
setzen, wirst du die Wunder Gottes erfahren, denn der Geist ist mit dir
und du spürst die Gegenwart Christi, dem du nachfolgst. Nichts wird
so sein, wie es vorher war, du wirst staunen und dich freuen, denn du
erkennst den Sinn deines Lebens.

14. Sonntag im Jahreskreis

Freut euch nicht darüber, dass euch die Geister gehorchen, sondern freut euch darüber, dass eure Namen im Himmel verzeichnet sind.
(Lk 10,20)

Christsein bedeutet,
sich in der Welt nicht allein zu fühlen,
an den himmlischen Vater zu glauben,
der menschliches Dasein trägt und erhält,
den Auftrag Christi anzunehmen,
sich vom Geist Gottes leiten zu lassen,
und mehr vom Leben zu erhoffen,
als nur zum Staub zurückzukehren.

Christsein bedeutet,
sich von der Masse abzuheben,
nicht hinter Mauern zu verstecken,
sich unter Menschen zu wagen,
wie ein Schaf unter die Wölfe,
mit dem Wort vom Kreuz zu provozieren,
am Reich Gottes mitzubauen,
und neue Schöpfung zu sein.

Christsein bedeutet,
seine ganze Lebenskraft einzusetzen,
sich an den Früchten der Arbeit zu freuen,
sich aber vor jeglicher Überhebung zu hüten,
in der Gemeinschaft mit Christus zu leben,
um in das verklärte Jerusalem einzuziehen,
nicht aus eigener Kraft oder Leistung,
sondern durch Gottes Gnade allein.

15. Sonntag im Jahreskreis

Du sollst den Herrn, deinen Gott, lieben mit ganzem Herzen und ganzer Seele, mit all deiner Kraft und all deinen Gedanken, und: Deinen Nächsten sollst du lieben wie dich selbst. (Lk 10,27)

Was geschieht, wenn ich einen Menschen sehe, der meine Hilfe braucht? Gehe ich schnell vorüber, weil ich nichts mit seinem Leid zu tun haben will, oder bleibe ich gar stehen und weide mich an seinem Unglück? Nein – mein Herz drängt mich zu bleiben und zu helfen. Und ich fühle, dass es gut ist.

Was geschieht mit mir, wenn ich einem Menschen geholfen habe? Denke ich an die Zeit, die mir verloren ging, oder tut es mir gar leid um die Kraft und die Nerven oder die finanziellen Mittel, die ich aufgewendet habe? Nein – in meinem Herzen fühle ich eine große Freude, wenn mein Einsatz hilfreich war.

Was ist mein Motiv? Ist es wirklich Liebe zu meinem Nächsten, wenn ich ihm zu Hilfe eile, oder geschieht es gar aus Liebe zu mir selbst, weil ich mich gut fühle, wenn ich ihm geholfen habe? In Wahrheit ist diese Unterscheidung nicht von Belang, denn das wahre Motiv übersteigt alles: Es ist die Gottesliebe in unseren Herzen, die uns zum guten Handeln treibt, denn sie ist der Grundton, über dem sich unsere Nächstenliebe und Eigenliebe im großen Dreiklang der Herrlichkeit aufschwingt.

16. Sonntag im Jahreskreis

Der Herr antwortete: Marta, Marta, du machst dir viele Sorgen
und Mühen. Aber nur eines ist notwendig. Maria hat das Bessere
gewählt. (Lk 10,41–42a)

Fleißige Hände
sind ständig im Einsatz
machen sich unentbehrlich
dürfen niemals ruhen
finden immer neue Arbeit
gewinnen die Welt für sich
die Seele bleibt hungrig

Marta
ist eine Freundin des Herrn
glücklich über seinen Besuch
sorgt für sein leibliches Wohl
lässt es ihm an nichts fehlen
ist eine perfekte Gastgeberin
verausgabt sich bis zur Erschöpfung
es macht sie nicht froh

Auch Maria
ist eine Freundin des Herrn
glücklich über seine Anwesenheit
öffnet ihm ihr ganzes Herz
nimmt begierig sein Wort auf
sitzt zu Füßen des Herrn
es fehlt ihr an nichts

Es ist gut für uns
die Hände einmal ruhen zu lassen
uns zu Füßen des Herrn zu setzen
gespannt seinem Wort zu lauschen
im Herzen mit ihm Mahl zu halten
gestärkt in die Welt zurückzukehren
die Herausforderung anzunehmen

17. SONNTAG IM JAHRESKREIS

Wenn nun schon ihr, die ihr böse seid, euren Kindern gebt,
was gut ist, wie viel mehr wird der Vater im Himmel
den Heiligen Geist denen geben, die ihn bitten. (Lk 11,13)

Viele törichte Wünsche hat der Mensch,
vielen Träumen jagt er sehnsüchtig nach.
Menschen suchen nach vielen Dingen,
beten und finden scheinbar keine Erhörung.
Manche reißen das Erstrebte mit Gewalt an sich,
doch die Sehnsucht nach Heil bleibt ungestillt.

Wünsche, die aus Fleisch und Blut erwachsen,
können allein von der Erde befriedigt werden,
doch unsere wahren Bitten aus dem Geist
ergreifen das Herz unseres Vaters im Himmel.
Ach, wenn wir es doch nur besser wüssten,
um was wir in rechter Weise bitten sollen.

Vater, wir bitten dich um den Heiligen Geist.
Mit seinem Beistand finden wir das rechte Gebet,
wie es uns dein geliebter Sohn ans Herz legt,
und wir begreifen deine gnädige Gerechtigkeit,
die uns im Kreuz deines Sohnes Erlösung schenkt.
So klopfen wir heute voll Vertrauen an deine Tür.

18. Sonntag im Jahreskreis

Windhauch, Windhauch, sagte Kohelet,
Windhauch, Windhauch, das ist alles Windhauch. (Koh 1,2)

Was für ein geheimnisvoller Bote Gottes ist der Wind!
Wenn er im Sommer die Kornfelder zum Wogen bringt oder in meinem
Haar spielt, denke ich an das belebende Wehen des Heiligen Geistes.
Wenn ich auf einem Boot mit geschwellten Segeln die Wellen zerteile,
denke ich an Gottes Sohn, wie er mit seinen Jüngern über den See
Gennesaret fuhr.

Was für ein furchterregender Bote Gottes ist der Sturm!
Seine zerstörerische Gewalt erinnert mich an die Vergänglichkeit meines
Lebens. Was nicht standhält, wird fortgeweht. Windhauch ist alles, was
vor Gott keinen Wert hat. Das Gute im Herzen, das nur der himmlische
Vater sieht, kann allen Stürmen trotzen, bis eines Tages jener Sturm
daherfegt, der meine Seele zur Heimat trägt.

Was für ein herrlicher Bote Gottes ist der Wind!
Sein tägliches Rauschen flüstert mir immer wieder zu: „Sei kein Narr!"
und meine Gedanken fliegen zum Himmel. Und so bleibe ich mir dessen
bewusst, dass ich kein Kind der Erde, sondern in der Gemeinschaft
mit unserem Herrn Jesus Christus ein geliebtes Kind Gottes bin. Was
für eine mitreißende Botschaft!

19. Sonntag im Jahreskreis

Wo euer Schatz ist, da ist auch euer Herz. Legt euren Gürtel nicht ab, und lasst eure Lampen brennen! (Lk 12,35.36)

Unser Gürtel ist der Glaube
Wir sind nur Gast auf dieser Erde. Weil du uns, Herr, gerufen hast, sind wir aufgebrochen und haben das ziellose Tagein-tagaus unseres Alltags verlassen. Deine Verheißung hat uns der Erde fremd gemacht, denn du hast uns die Sehnsucht nach dem himmlischen Jerusalem ins Herz gelegt. In diesem Glauben leben wir.

Unser Schatz ist die Hoffnung
Wir sind wie Schafe mitten unter den Wölfen. Du, Herr, bist unser guter Hirt. Du hast versprochen, bei uns zu bleiben bis ans Ende aller Tage, und wir vertrauen darauf, dass du uns dem Tod entreißen wirst. Wir hören auf dein Wort und leben in der Hoffnung, dass du in unseren Herzen wohnst und uns sicher führst.

Das Feuer unserer Lampen ist die Liebe
Wir sind die Menschen, die auf die Rückkehr ihres Königs warten. Du, Herr, begegnest uns nicht nur bei deiner Wiederkunft auf den Wolken des Himmels, sondern Tag für Tag in den Geringsten, die an unsere Türen klopfen. Es bewegt dein göttliches Herz, ob wir die Schutzbefohlenen schlagen oder ihnen Liebe erweisen.

Herr Jesus Christus, König unserer Herzen
Wir haben den Gürtel angelegt – tragen den Schatz bei uns – unsere Lampen brennen – wir sind bereit – klopf an!

20. Sonntag im Jahreskreis

Ich bin gekommen, um Feuer auf die Erde zu werfen.
Wie froh wäre ich, es würde schon brennen! (Lk 12,49)

Wenn dein Herz Feuer fängt, sprichst du nicht mehr dieselbe Sprache wie die Menschen in deiner Umgebung. Wenn Jesus in dein Herz gekommen ist, richtest du den Geist auf deinen bleibenden Schatz, den du im Himmel hast, ohne jedoch deine Mitmenschen von deiner Liebe auszuschließen.

Wenn dein Herz in Flammen aufgeht, ist die Entscheidung bereits gefallen und der innere Friede ist dahin. Wenn Jesus in dein Herz eingezogen ist, kannst du nicht anders, als nach seinem Wort zu handeln, auch wenn du dir damit die Feindschaft der Mitmenschen zuziehst, die dir nicht folgen können.

Wenn die Feuertaufe deines Herzens vollzogen ist, läufst du in dem Wettkampf, der dir aufgetragen ist, mit aller Kraft voran, um Jesus nachzufolgen. Du wirst die Menschen, die dich angefeindet haben, durch dein Handeln überzeugen, und vielleicht erreichst du es, dass der Funke überspringt.

Wenn das Feuer außer Kontrolle gerät, ist es an der Zeit, zum Vater heimzukehren.

21. Sonntag im Jahreskreis

Bemüht euch mit allen Kräften, durch die enge Tür zu gelangen;
Denn viele, sage ich euch, werden versuchen hineinzukommen,
aber es wird ihnen nicht gelingen. (Lk 13,24)

Essen und trinken mit dem Herrn
wir bekleiden Ämter und mühen uns ab
wir reiben uns auf in Gottes Namen
schnüren Lasten und richten und strafen
nicht viele sind auserwählt
die Tür ist eng und das Gerangel groß
am Ende schließt der Herr die Tür
wir stehen draußen
warum?

Essen und trinken mit dem Herrn
mit den Geringsten der Brüder teilen
unsere Arme und Herzen weit öffnen
für die Menschen aller Sprachen
die Gott aus der ganzen Welt berufen hat
dann erscheint die Tür zu unseren Häupten
furchterregend eng
aber noch einen spaltweit offen
Herr, erbarme dich!

Mit dem Herrn essen und trinken
wir genießen Brot und Wein
gewandelt in Fleisch und Blut
als Schwestern und Brüder
in Gemeinschaft mit dem Herrn
und wir tragen die Schwachen
und helfen ihnen bis zur Tür
nach ihnen treten auch wir gern ein
Herr, nimm uns auf!

22. Sonntag im Jahreskreis

Ihr seid vielmehr zum Berg Zion hingetreten, zur Stadt des lebendigen Gottes, dem himmlischen Jerusalem, zu Tausenden von Engeln, zu einer festlichen Versammlung. (Hebr 12,22)

Wie wunderbar ist es,
nach langer Pilgerschaft endlich die Mauern der Stadt zu erblicken, die das Ziel unserer mühevollen Wanderschaft ist. Wie herrlich liegt sie dort vor uns und welch ein Jubel erfasst unsere Herzen, da wir sie in ihrer ganzen Schönheit erblicken dürfen. Bald schon werden wir eintreten und uns der festlichen Versammlung erfreuen. Und wir werden ausruhen und uns geborgen fühlen.

Wie wunderbar ist es,
zu einem Gastmahl geladen zu sein oder selbst Gäste einzuladen und fruchtbare Gemeinschaft miteinander zu pflegen. Mitten unter uns ist er, der uns gemahnt, bescheiden zu bleiben und auch die nicht zu vergessen, die sonst niemand bei sich haben will. Denn nichts von dem, was wir so großzügig verschenken, hätten wir ohne die Gnade des Allmächtigen erworben.

Wie wunderbar wäre es,
wenn der Ausrichter des himmlischen Hochzeitsmahles mir am Ende die Tür öffnete. Wenn er mich nur willkommen hieße und mir erlaubte teilzunehmen, es wäre das Höchste, das ich mir im Leben erhoffte, und weit mehr, als ich verdiente. Darüber hinaus erhoffe ich nichts, denn schon der allergeringste Platz in seiner Nähe gereichte mir zur Seligkeit.

23. Sonntag im Jahreskreis

*Wenn jemand zu mir kommt und nicht Vater und Mutter,
Frau und Kinder, Brüder und Schwestern, ja sogar sein Leben gering
achtet, dann kann er nicht mein Jünger sein. (Lk 14,26)*

Soll etwa der Vater sein Kind gering achten, für das er Verantwortung
trägt, oder die Mutter ihr Kleines verleugnen, das sie unter Schmerzen
zur Welt gebracht hat?

Oder etwa die Ehepartner entgegen ihrem Versprechen einander die
Beachtung entziehen, ganz zu schwiegen von der Liebe, die diese
beiden zusammenschweißt?

Wurde uns nicht gesagt: Den Nächsten sollst du lieben wie dich
selbst?

*Welcher Mensch kann Gottes Plan erkennen, oder wer begreift,
was der Herr will? (Weish 9,13)*

Kinder lieben ihre Eltern, und familiäre Bindungen sind stark. Wahre
Freunde geben einander nicht auf und Eheleute bedeuten einander
alles.

*Wer hat je deinen Plan erkannt, wenn du ihm nicht Weisheit gegeben
und deinen heiligen Geist aus der Höhe gesandt hast? (Weish 9,17)*

Gegen Gottes Größe sind wir Menschen wie das Gras, das morgens
grünt und abends verwelkt, doch als Jünger Jesu zu leben heißt, uns
als Kinder des himmlischen Vaters verstehen zu dürfen.

Uns selbst, die Menschen, die wir lieben, und unser eigenes Leben vor
Gott gering zu achten bedeutet, dies alles der Liebe Gottes anzuver-
trauen und es verklärt zurückzuerhalten.

Jesus nachfolgen heißt also, den Herrn, unseren Gott, mit ganzem
Herzen und all unserer Kraft zu lieben und alle Herrlichkeit zu gewinnen.

24. Sonntag im Jahreskreis

Aber jetzt müssen wir uns doch freuen und ein Fest feiern;
denn dein Bruder war tot und lebt wieder;
er war verloren und ist wieder gefunden worden. (Lk 15,32)

Der jüngere Sohn –
ein echter Draufgänger, ein Tunichtgut,
mit ihm haben wir nichts gemein.
Nur recht, wenn es ihm schlecht ergeht,
er kann von Glück sagen,
dass der Vater ihm vergibt,
ihm entgegengeht,
für ihn das Mastkalb schlachtet
und ihn wieder in sein Herz schließt.

Der ältere Sohn –
fleißig, gehorsam und ordentlich,
er lässt sich nichts zuschulden kommen.
Mit ihm identifizieren wir uns mehr
und wir können es verstehen,
dass er dem Vater zürnt
und dessen Freude ihn verdrießt,
dass er nicht mitfeiern will
und der Versöhnung den Rücken kehrt.

Christen wie du und ich –
im Großen und Ganzen gute Menschen,
doch wie viel Not haben wir nicht gewendet.
Unsere Selbstgerechtigkeit schreit zum Himmel!
Komm, lass uns zum Vater zurückkehren,
schon lange schaut er nach uns aus.
Das Versöhnungsmahl ist schon bereitet
und er heißt alle Kinder gleichermaßen willkommen,
als Schwestern und Brüder in Christus.

25. Sonntag im Jahreskreis

Ihr sagt: Wann ist das Neumondfest vorbei? Wir wollen Getreide verkaufen. Und wann ist der Sabbat vorbei? Wir wollen den Kornspeicher öffnen, das Maß kleiner und den Preis größer machen.
(Am 8,5)

Die Missstände, die der Prophet Amos schon im achten Jahrhundert vor Christus anprangert, treffen ebenso auf unsere Gesellschaft zu. Die verkaufsoffenen Sonntage sind dafür ein Zeichen. Wir können nicht zwei Herren dienen. Die Kinder der Welt wenden sich von Gott ab und werfen sich vor dem Götzen Mammon nieder. Doch verlieren sie dabei ihre Würde, denn durch den Mammon werden sie aus der Gotteskindschaft in die Sklaverei zurückgeworfen.

Christus aber mahnt uns, klug zu sein wie die Kinder dieser Welt. Wir dürfen die Schätze der Erde, die Gottes Schöpfung ist, zum Wohl der Welt nutzen, und uns den Mammon untertan machen, ohne ihn jedoch zu vergöttern. Was die Erde uns schenkt, kommt von Gott. Wie schön wäre es, wenn es uns gelänge, die Menschen mit ihren Gaben zu Freunden zu machen, die gemeinsam mit uns und durch die Mahlgemeinschaft mit Christus in die Liebe des himmlischen Vaters eingeschlossen sind.

26. Sonntag im Jahreskreis

Kämpfe den guten Kampf des Glaubens, ergreife das ewige Leben,
zu dem du berufen worden bist und für das du vor vielen Zeugen
das gute Bekenntnis abgelegt hast. (1 Tim 6,12)

Das gute Bekenntnis ablegen,
Tag für Tag immer wieder aufs Neue,
beim Wachen und vor dem Einschlafen,
es hält unsere Gedanken bei Gott
und unseren Geist bei dem Heiligen.

Das gute Bekenntnis ablegen
bewahrt uns davor, in die Welt abzuschweifen,
lässt uns das Leben stets neu überdenken,
unser Handeln immer wieder auf Gott ausrichten
und unsere Geistesgaben tatkräftig nutzen.

Das gute Bekenntnis ablegen
heißt, unsere Entscheidung zu fällen,
solange wir noch auf der Erde sind.
Suchen wir unser Leben lang nach Gott,
wird er uns auf ewig nicht fern sein.

Das gute Bekenntnis ablegen
für uns selbst und vor aller Welt,
dafür einstehen mit Wort und Tat,
für die Menschen ein Segen sein:
Ergreife das ewige Leben!

27. Sonntag im Jahreskreis

Wenn es sich verzögert, so warte darauf;
denn es kommt, es kommt und bleibt nicht aus. (Hab 2,3b)

Herr, stärke unseren Glauben,
denn manchmal kommt uns das Hadern.
Es gibt so viel Niedertracht und Gewalt,
und Ungerechtigkeit regiert unsere Welt.
Wie lange, Herr, willst du noch zusehen
und all die Bosheiten ungestraft lassen?
Wir rufen vergeblich nach deiner Hilfe.

Herr, stärke unseren Glauben,
denn du bist ein unbegreiflicher Gott.
Deine Pläne sind nicht wie unsere Pläne,
und unsere Zeit hältst du in deiner Hand.
Herr, gib doch unseren Herzen Antwort,
damit wir niemals die Hoffnung aufgeben,
dass zur bestimmten Zeit das Gute kommt.

Herr, stärke unseren Glauben,
damit wir erkennen, wonach wir streben sollen.
Bediene dich unserer Hände Fleiß und Kraft,
und vollbringe durch sie dein Heil auf Erden.
Wenn wir alles nach deinem Willen ausgeführt haben,
rufst du uns, Platz zu nehmen an deinem Tisch zum Essen,
diese Speise aber ist weit mehr, als wir jemals verdienen.

28. Sonntag im Jahreskreis

Da wurde sein Leib gesund wie der Leib eines Kindes,
und er war rein. (2 Kön 5,14b)

Zehn Unreine kommen Jesus entgegen.

„Jesus, Meister, hab Erbarmen mit uns!"

Wie diese zehn sind auch wir aufgebrochen,
wollen den Schmutz des Alltags hinter uns lassen.
Wir kommen abgehetzt und aus aller Bedrängnis,
eine Flut unerledigter Aufgaben in unserem Rücken.
Endlich treten wir in das Gotteshaus ein.
Unsere Anspannung löst sich in der Stille –
ein Ort der Begegnung – wir sind nicht allein.
Zehn Unreine sind Jesus entgegen gegangen.

„Jesus, Meister, hab Erbarmen mit uns!"

Wie du die zehn Menschen rein gemacht hast,
so reinige auch uns von allem Unrat, der uns beschmutzt.
Jesus, Meister, wir spüren deine heilende Anwesenheit.
O wie wohl es tut, dass wir hier sind, in deiner Nähe.
Nichts Böses von außen kann uns jetzt erreichen.
In dieser Freude haben wir uns an deinem Tisch versammelt
und deine heilende Nähe ist uns zur Speise geworden.

„Steh auf und geh! Dein Glaube hat dir geholfen."

Die Sorgen des Alltags sind unverändert,
wenn wir dieses schöne Licht wieder verlassen,
aber wir werden verändert sein
und mit uns tritt ein Glanz auf die Straße hinaus.
Jesus, Meister, bald schon kommen wir zurück.
Danke!

29. Sonntag im Jahreskreis

Sonst kommt sie am Ende noch
und schlägt mich ins Gesicht. (Lk 18,5b)

O mein Gott
was soll ich nur tun
es dauert schon so lange
und mein glühender Wunsch
geht nicht in Erfüllung
worauf wartest du
ich bete ohne Unterlass
bei Tag und bei Nacht
mit Engelszungen
ich ringe die Arme
und flehe zu dir
unerhört
wie viel Geschrei
darf ich mir erlauben
und wie viel Hader
gestehst du mir zu
ich kann doch nicht kommen
und dich ins Gesicht schlagen
ich kann nur weiter beten
ohne Unterlass
und Ausschau halten
und so finde ich
das Gute bereits am Werk
mag sein
ein bisschen anders
als ich es erhofft
aber größer
und heiler
als ich es mir je
hätte vorstellen können

30. Sonntag im Jahreskreis

Ich sage euch: Dieser kehrte als Gerechter nach Hause zurück,
der andere nicht. (Lk 18,14)

Es ist angemessen, Mensch,
dass du Gott dankst,
wenn du kein Verbrecher
und kein Betrüger bist,
die Ehe nicht gebrochen
und keinem Menschen
das Leben genommen hast.
Ja, es ist gut zu danken,
wenn du fasten kannst
und in der Lage bist,
von deinem Einkommen
den zehnten Teil zu spenden.
Es ist mehr als angemessen,
Gott von Herzen Dank zu sagen,
weil du ein Gesegneter bist,
aber nicht,
weil deine Gerechtigkeit
aus dir selbst käme,
denn wem viel gegeben,
dem wird auch viel abverlangt.

Darum ist es angemessen,
Gott um Gnade zu bitten,
selbst wenn du kein Verbrecher,
Betrüger oder Mörder bist.
Denn was bist du, Mensch,
vor der unendlichen Größe Gottes,
und wie viel Liebe
wirst du immer schuldig bleiben
gegen Gott und seine Kinder?

31. Sonntag im Jahreskreis

Du schonst alles, weil es dein Eigentum ist,
Herr, du Freund des Lebens. (Weish 11,26)

Herr, du willst zu Gast sein bei mir –
darauf bin ich nicht vorbereitet.
Wie kann ich Besuch empfangen?
Mein Haus ist nicht rein,
der Boden ist nicht gefegt
und ich habe nicht aufgeräumt.

Herr, du hast mich entdeckt –
inmitten meiner Sünden
suchtest du mich auf,
obwohl ich dich nicht gesucht habe.
Damit konnte ich nicht rechnen,
denn kein Mensch handelt so.

Herr, du bist mir willkommen –
tritt jetzt ein und nicht später,
meine Unordnung kennst du ja.
Erst die Begegnung mit dir
gibt mir die Kraft aufzuräumen.
Heute aber ist ein Tag des Heils.

Herr, du bist bei mir eingekehrt –
doch nicht ich habe dich bewirtet,
sondern viel mehr von dir empfangen.
Unter meinem Dach bist du selbst die Speise,
die mich den Weg zum Leben lehrt.
Mein Haus ist dein Eigentum.

32. SONNTAG IM JAHRESKREIS

Dabei sagte er gefasst: Vom Himmel habe ich sie bekommen, und
wegen seiner Gesetze achte ich nicht auf sie. Von ihm hoffe ich sie
wiederzuerlangen. (2 Makk 7,11)

Was werden wir sein
Engelsgleiche Wesen
Mit strahlenden Gesichtern
Und abgewischten Tränen
In leuchtenden Gewändern
Herrlich gestaltet
Töchter und Söhne
Des himmlischen Vaters
Wiederhergestellt
Und für immer geheilt
Unverletzbar
Ohne Tod

Wie werden wir sein
Mit unseren Lieben
In vollkommener Einheit
Grenzenlos und ungetrennt
Frei von Eifersucht
In göttlicher Harmonie
Himmlisches Hochzeitsmahl
Alles Glück der Erde
Ist nichts gegen
Die himmlische Freude
Allumfassend gegenwärtig
Ungetrübt

33. Sonntag im Jahreskreis

Wenn ihr standhaft bleibt,
werdet ihr das Leben gewinnen. (Lk 21,19)

Der Tag des Herrn
Wir wissen heute, dass damit nicht ein allgemeiner Weltuntergang
gemeint ist, an dem sich die Sonne verfinstert, der Mond nicht mehr
scheint und die Sterne vom Himmel fallen. Ein jeder Mensch geht für
sich selbst diesem Tag entgegen und er erlebt die Wiederkehr des Herrn
in Herrlichkeit, wenn seine Zeit da ist: zu einem Tag und einer Stunde,
zu der er es nicht erwartet.

Der Tag des Herrn
Müssen wir vor Angst vergehen oder ist es ein Tag der Herrlichkeit?
Kein Mensch kann sicher wissen, was ihn erwartet, doch alles hängt
davon ab, in welcher Weise wir auf diesen Tag zugehen. Wenn wir
standhaft an unserem Zeugnis für Jesus Christus festhalten und uns
tapfer um die Verwirklichung des Himmelsreiches bemühen, haben
wir die Hoffnung, das Leben zu gewinnen.

Der Tag des Herrn
Das Ende kommt nicht sofort, spricht der Herr. Wachsam sollen wir
sein, aber auch zuversichtlich, denn der Herr hat versprochen, bei uns
zu sein, wenn kein Stein auf dem anderen bleibt. Mit seiner Weisheit
im Herzen können wir jeder Anfechtung standhalten und unseren Weg
aufrecht bis zum Ende gehen. Und wir vertrauen auf sein Wort, dass
uns kein Haar gekrümmt werden soll.

DREIFALTIGKEITSSONNTAG

Alles, was der Vater hat, ist mein; darum habe ich gesagt: Er nimmt von dem, was mein ist, und wird es euch verkünden. (Joh 16,15)

O Gott, erscheine in unserem Leben als der himmlische Vater, der uns mehr liebt, als Menschen je lieben können. In deiner Gnade haben wir die Hoffnung, eine herrliche Wohnung zu finden, wenn unser Lauf vollendet ist. Das Wort deines Sohnes stellt dich uns vor und dein Geist bewegt uns, deine Liebe zu den Menschen in die Welt hinaus zu tragen.

O Gott, erscheine in unseren Herzen als der Sohn des himmlischen Vaters. Du hast in unserem Fleisch gelebt und bist für uns gestorben. Dennoch bist du für alle Zeit bei uns durch die Gaben von Brot und Wein, in denen du uns Gemeinschaft mit dir schenkst. Wie du im Vater bist, so ist er in dir und auch in uns. In diesem Geist leben wir als Kinder des Lichtes in dieser Welt.

O Gott, erscheine in unserem Geist als der Geist der Heiligkeit, der unsere Gedanken mit seinem himmlischen Sturm von der Niedrigkeit der Erde fortreißt und zum Himmel trägt. Du nimmst von dem, was des Vaters und des Sohnes ist, und offenbarst uns jene himmlischen Wahrheiten, die das Fleisch nicht tragen kann. In diesem Geist wandern wir voll Hoffnung durch die Welt zur Herrlichkeit.

FRONLEICHNAM

Einer kommt, und tausend kommen, doch so viele ihn genommen,
er bleibt immer, der er war. (Sequenz)

Heilige Hostie, hoch erhoben
zu unseren Häupten
durch des Priesters Hand,
schlichte runde Scheibe,
vor unseren Augen gewandelt
in den Leib des Herrn
als wahre Speise für die Seele.
Ein Brot,
gebrochen für die Vielen,
und doch für alle ungeteilt.
Christus Jesus kehrt ein
unter jedes Dach,
das ihn willkommen heißt.
Also sind wir gekommen
und wir durften nehmen
vom Sakrament des Altares.
Nun haben wir IHN gemeinsam.
Als Schwestern und Brüder
sind wir ein Leib Christi,
Kirche Gottes auf Erden,
eine Gemeinde von Heiligen.
Wir verherrlichen unser Haupt,
Jesus Christus,
und wir danken für das Brot,
das uns alle Kraft gibt
auf dem Weg zum Vater,
und für den Heiligen Geist,
der unsere Herzen sehen lässt,
was für eine herrliche Gabe
wir empfangen haben.

HOCHFEST DES HEILIGSTEN HERZENS JESU

Die verloren gegangenen Tiere will ich suchen, die vertriebenen
zurückbringen, die verletzten verbinden, die schwachen kräftigen,
die fetten und starken behüten. (Ez 34,16)

Verletzbar und schutzbedürftig sind wir wie die Schafe, die in der
Steppe gehütet werden, solange wir auf Erden leben. So manches Erlebnis kann uns aus der Bahn werfen, sodass wir am Ende traurig und
verloren umherirren und nicht weiter können. Wir schreien um Hilfe,
doch viele Menschen wenden sich ab und gehen ihrer Wege.

Unsere Sehnsucht nach Heil ruft die Hilfe des Guten Hirten herbei. Wo
Menschen nicht helfen wollen, da kommt er uns entgegen und er hebt
uns auf und trägt uns auf seinen Schultern zurück ins Licht. Aus der
Quelle seines guten Herzens strömt uns die Kraft zu, mit der wir uns
wieder aufrichten und das Leben bewältigen können.

Wenn wir wieder stark und kräftig sind, soll die Liebe des Guten
Hirten in unseren Herzen bleiben. Mit dieser Kraft können wir vielen
Menschen Gutes erweisen, auch wenn diese vielen an uns vielleicht
nicht ebenso gehandelt haben. Dann erheben sie staunend ihr Haupt
und sie sehen, was auch wir sahen: Es ist Jesus, der Gute Hirt.

CHRISTKÖNIGSSONNTAG

Er ist das Haupt des Leibes,
der Leib aber ist die Kirche. (Kol 1,18)

Der König ruft,
ich muss gehen und nach ihm suchen.
Er sitzt nicht auf einem goldenen Thron
und besitzt keinen herrlichen Palast.
Anders ist er als alle Könige der Welt.
Seine Stimme erklingt tief in meinem Herzen
und hoch zu meinen Häupten ragt er auf.
Zu ihm will ich pilgern.

Mein König, du hast gerufen.
Alle Wege meines Lebens führen zu dir,
immer wieder zum Stamm deines Kreuzes.
Hoch über mir breitest du deine Arme aus
und dein Blut fließt zu meiner Erlösung.
Mag die Welt dich auch immer verspotten,
ich aber bitte dich, meiner zu gedenken.
Erhalte mein Herz bei dir.

Christus König,
dein Kreuz ist der Mittelpunkt deiner Kirche,
denn dein Opfer söhnt uns mit dem Vater aus.
Du bist unser Haupt und wir sind dein Leib,
mit dem du uns in dein Königtum einschließt.
Diese Würde erhebt uns zu wahren Menschen
und dein Königslicht macht unsere Wege hell.
Unser Herz gehört dir.